Emil Kurz

Beilage zum Jahresbericht über das Gymnasium in Burgdorf

am Schlusse des Schuljahres 1887/88

Emil Kurz

Beilage zum Jahresbericht über das Gymnasium in Burgdorf
am Schlusse des Schuljahres 1887/88

ISBN/EAN: 9783743695818

Hergestellt in Europa, USA, Kanada, Australien, Japan

Cover: Foto ©ninafisch / pixelio.de

Weitere Bücher finden Sie auf **www.hansebooks.com**

Beilage

zum

Jahresbericht über das Gymnasium in Burgdorf

am Schlusse des Schuljahres 1887/88.

A. Ueber den Octavius des Minucius Felix,
mit dem Text von Cap. 20—26 incl.

B. Die Persius-Scholien nach den Bernerhandschriften.
II. Die Scholien zu Sat. II und III,
nebst dem Text von Sat. II und III, nach Cod. Bern. 257.

Von D**r** E. Kurz.

BURGDORF
Druck von P. Eggenweiler.
Verlag von C. Langlois.
1888.

A. Ueber den Octavius des Minucius Felix,

mit dem Text von Cap. 20—26 incl.

(nach Cod. Parisin. 1661).

A. Ueber den Octavius des Minucius Felix,
mit dem Text von Cap. 20—26 incl.

Vorbemerkung. Die folgende Abhandlung, welche ursprünglich in grösserer Ausdehnung und mit Beigabe eines längern Abschnitts des Minucius-Textes erscheinen sollte, hat nun eine kürzere Fassung erhalten, hauptsächlich aus folgendem Grunde: Ich wünschte meine früher begonnene kleine Arbeit über die Berner Persius-Scholien, veranlasst durch das wieder zunehmende Interesse für diesen Gegenstand und einen sogar ausdrücklich geäusserten Wunsch[1]), fortzusetzen und zu einem vorläufigen Abschluss zu bringen. Dies nöthigte mich, die Abhandlung über den Octavius abzukürzen und von dem Text desselben nur einen kleinern Abschnitt als Probe mitzutheilen. Von der Veröffentlichung meiner Bemerkungen zu Minucius mochte ich andrerseits nicht vollständig absehen, nachdem ich mich bereits so und so lange mit diesem interessanten Schriftsteller (aureolus libellus nennt Halm in seiner vortrefflichen Ausgabe den Octavius) beschäftigt hatte und dabei zu der Ansicht gebracht worden war, in der ich bei Gelegenheit einer Versammlung von Gymnasiallehrern bestärkt wurde, dass es gerade für ein Gymnasialprogramm keine undankbare Aufgabe wäre, das grössere philologische und theologische Publikum auch in unsern Landen auf die in den verschiedensten Beziehungen lehrreiche und anziehende Lektüre des Minucius aufmerksam zu machen, und soviel an dem Herausgeber eines kleinern Abschnitts liegt, die Wünschbarkeit, um nicht zu sagen Nothwendigkeit einer neuen Ausgabe des Minucius mit fortlaufendem Commentar nach dem heutigen Stand der Wissenschaft und mit Berücksichtigung

---

[1]) worüber das Nähere unten p. 19.

aller einschlagenden neuern historischen, mythologischen und spezifisch theologischen Werke von Seiten eines Berufenen, wofür ich mich nicht halte, einigermassen klar zu machen. Mein persönlicher Wunsch, den ich zur Einführung dieser kleinen Abhandlung auszusprechen mir gestatte, ist nur, dass dieselbe in ihrer anspruchlosen Form, welche eben auch auf das Bedürfniss des weitern gebildeten Publikums Rücksicht zu nehmen bestrebt ist, den Zweck, den sie im Auge hat, erreichen und die Leser zur eingehenden Beschäftigung mit der Schrift des römischen Sachwalters, der vor Allem als einer der ersten christlichen Apologeten bei den Römern eine hervorragende Stelle unter den römischen Schriftstellern überhaupt einnimmt, veranlassen möge.

Hier bietet sich mir nun auch der erwünschte Anlass, Denjenigen, die mich bei meiner Arbeit mit Rath und That unterstützt haben, meinen wärmsten Dank auszusprechen; es sind dies: Herr Historien- und Genremaler August Weckesser in Rom, unser rühmlich bekannte, liebenswürdige und allezeit dienstfertige Landsmann, der auf meinen Wunsch das Spott-Crucifix im Museo Kircheriano genau besichtigt und eine nach seinem competenten Urtheil vortreffliche Photographie desselben mit der grössten Liberalität mir verschafft hat; Herr Dr. Otto von Greyerz, damals in Paris, der auf mein Ersuchen eine Collation der betreffenden Capitel des Minucius nach Codex Parisinus 1661 besorgte und dadurch die ungemeine Genauigkeit der Vergleichung des Herrn Dr. Laubmann[1]) von neuem bestätigte; mein Freund Prof. Dr. C. Stooss, Oberrichter in Bern, der mir die einschlägige juristische Litteratur nachwies und zu längerm Gebrauch übermittelte, und endlich Herr Dr. Marcusen, Docent des römischen Rechts an der Universität in Bern, der mit grosser Zuvorkommenheit mir auf meine Anfrage mit Bezug auf die unten p. 30, Z. 9 v. u. citirte Stelle (wobei auf Ulpian. fragm. VI 4 sq. verwiesen ist, und auch Baron, Geschichte des römischen Rechts, p. 68, § 33, 2 a und der betreffende Abschnitt der Digesten, Cap. 23, angeführt werden konnte) folgende Auskunft gab, die ich hier mitzutheilen nicht versäumen möchte:

---

[1]) vergl. darüber Halm's praefatio p. V sq.

Dom. Ulpiani fragm. VI 4: *Mortua in matrimonio muliere dos a patre profecta ad patrem revertitur, quintis in singulos liberos in infinitum relictis penes virum* (der Ehemann darf für jedes Kind $1/_5$ abziehen und behalten). 5: *adventicia autem dos semper penes maritum remanet, præterquam si is, qui dedit, ut sibi redderetur, stipulatus fuerit, quæ dos specialiter recepticia dicitur.*

Fragm. Vat. 108. *Paullus lib. VIII Responsorum, titulo de re uxoria. Paullus respondit, patrem dotem a se profectam, mortua in matrimonio filia, deductis quintis singulorum liberorum nomine repetere posse.*

Burgdorf, im Juni 1888.

D? E. Kurz.

Quellen-Angabe.

Die Ausgaben, die bei dieser Arbeit benutzt wurden, sind, in chronologischer Reihenfolge angeführt, folgende:

M. Minucii Felicis Octavius, Cum integris omnium Notis et Commentariis, novâque Recensione Jacobi Ouzeli. Cujus et accedunt Animadversiones etc. Lugduni-Batavorum. 1652.

M. Min. Fel. Oct. et Cæcilii Cypriani de Vanitate Idolorum liber — recensitus et illustratus — a Johanne Gottlieb Lindnero. Cum præfatione D. Io. Augusti Ernesti. Longosalissæ. 1760.

M. Min. Fel. Oct. et Iulii Firmici Materni Lib. de errore profanarum religionum ex recensione C. Halmii. (Corpus scriptorum ecclesiasticorum Latinorum. Vol. II.) Vindobonæ. 1867.

Octavius. Ein Dialog des M. Minucius Felix, übersetzt von Bernhard Dombart (mit dem lat. Text). Zweite Ausgabe. Erlangen. 1881.

M. Minucii Felicis Octavius. Recensuit J. J. Cornelissen. Lugduni-Batavorum. 1882.

M. Minucii Felicis Octavius. Emendavit et præfatus est Aemilius Baehrens. Lipsiæ (Teubner). 1886.

In Betreff der mythologischen Dinge verweise ich ein für allemal auf die Werke von E. Gerhard, G. F. Welcker und L. Preller, griechische Mythologie, welch' letztere jetzt in 4. Aufl. von C. Robert bearbeitet erscheint (3. Aufl. von E. Plew). L. Preller's römische Mythologie (3. Aufl., von H. Jordan) ist an verschiedenen Stellen ausdrücklich citirt; ich bedaure sehr, dass dies nicht noch öfter geschehen konnte.

Bemerkungen über den Dialog Octavius
des M. Minucius Felix.

Gegen das Ende des zweiten Jahrhunderts nach Christus, um 160, sagen die Einen, etwas später, die Andern, lebte und wirkte in Rom der Sachwalter (causidicus) M. Minucius Felix, der uns einen Dialog, betitelt Octavius, hinterlassen hat, jedenfalls neben Tertullians Apologeticum eine der ersten Apologien des Christenthums in lateinischer Sprache.

Diese Schrift hat von jeher grosses Interesse bei Theologen und Philologen hervorgerufen, in der neuesten Zeit wiederum ein sehr lebhaftes, wie die zahlreichen Ausgaben und Abhandlungen beweisen, welche das kleine Werk des redegewandten römischen Juristen zum Gegenstand haben.

Ueber die Person des Verfassers wissen wir aus der römischen Litteratur leider soviel als nichts. Der Kirchenvater Lactantius erwähnt ihn anerkennend mit den Worten[1]: *Ex iis literatis, qui mihi noti sunt, Minucius Felix non ignobilis inter causidicos loci fuit. Huius liber, cui O c t a v i o titulus est, declarat, quam idoneus veritatis assertor esse potuisset, si se totum ad id studium contulisset.*

Bei diesem fast gänzlichen Mangel an Nachrichten über die Persönlichkeit des Minucius ist es nicht überflüssig, die Stellung und Thätigkeit eines Sachwalters, causidicus, genauer zu kennzeichnen, um den Werth und die Bedeutung des Schriftstellers nicht etwa, was gerade bei uns nach dem bernischen Sprachgebrauch möglich wäre, unrichtig zu beurtheilen.

Causidicus bezeichnet[2], wie *advocatus, patronus, iuris peritus,*

---

[1] D. Institut. V 1, 22.
[2] Vergl. Keller, der römische Civilprozess und die Actionen § 55 (p. 230); J. Baron, Geschichte des römischen Rechts, I (Institutionen und Civilprozess), § 191 (p. 373 f.).

scholasticus, togatus, in der römischen Kaiserzeit einen Advokaten, dessen Thätigkeit diejenige der in republikanischer Zeit von einander unterschiedenen *oratores* (oder *patroni*) und *advocati* umfasst, der also einerseits bei Prozessverhandlungen sachgemässe Anträge *in iure* an den Magistrat stellt, ferner die Rechtspunkte und die thatsächliche Sachlage *in iudicio* vor den Geschwornen ausführ:, andererseits die Partei mit seinem juristischen Rath unterstützt. Die *causidici* mussten folglich studirte Juristen sein, was die *oratores* der republikanischen Zeit nicht immer gewesen waren[1]); sie bildeten einen Stand, der mit der Zeit in Corporationen mit mancherlei Privilegien umgeschaffen wurde.

Im Uebrigen zeigt uns die Schrift des Minucius selbst, dass er ein litterarisch sehr gebildeter Mann war, der die classischen römischen Autoren, besonders Cicero, den er an zahllosen Stellen benutzt und in der Anlage, im Stil u. s. w. nachahmt, aber auch andere, Virgil vor allen, genau kennt, während freilich kaum bewiesen werden könnte, dass er die griechische Litteratur, deren Koryphäen er so oft citirt, anders als aus Cicero oder aus lateinischen Bearbeitungen kannte[2]).

Die Latinität des Minucius ist für jene Zeit vortrefflich und verräth deutlich eifriges Studium des Cicero; einige üble Einflüsse der Zeit sind nicht in Abrede zu stellen; aber mit Recht ist die Behauptung, dass das afrikanische Latein des Fronto sich bei Minucius bemerkbar mache, schon längst zurückgewiesen worden.

Zu dem Reiz der fliessenden, wohlgebildeten Sprache gesellt sich die Lebendigkeit und Gewandtheit der Darstellung, die

---

[1]) Vergl. Tacit. dial. de orat. 1 horum temporum diserti causidici et advocati et patroni et quidvis potius quam oratores vocantur. Quintil. XII 7, 4 (nebst der unmittelbar vorhergehenden Auseinandersetzung).

[2]) Vergl. darüber u. a. die Leipziger Doctordissertation von Richard Kühn: Der Octavius des Minucius Felix, Leipzig 1882, eine sehr fleissige, und was besonders die philosophischen Dinge betrifft, sehr eingehende Arbeit, und über diese auch die Noto von Bæhrens p. VII der præfatio; ferner die Jenenser Doctordissertation von Ernst Behr (damals bacc. theol.): Der Octavius des M. Minucius Felix in seinem Verhältnisse zu Cicero's Büchern de natura deorum. Jena 1870, ebenfalls eine Schrift, die grosses Lob verdient und welche durch die genaue Vergleichung der Stellen aus Cicero's Büchern de divinatione, wie mit Recht bemerkt worden ist, vervollständigt werden sollte. Die Zusendung dieser letztern Dissertation verdanke ich Herrn Prof. Dr. Overbeck in Basel.

es erklärt, dass Lactantius ein so günstiges Urtheil über den Octavius aussprach und dabei den Ausdruck des Bedauerns darüber nicht unterdrücken konnte, dass sich Minucius nicht ganz diesem Studium zugewendet oder, mit andern Worten ausgedrückt, nicht völlig der Aufgabe, die er sich im Octavius gestellt, gewidmet habe.

Wenn ich nun in dem kleinen Raum, der mir für diese Abhandlung, besser gesagt, für diese Bemerkungen übrig bleibt und der sogar während des Druckes noch mehr beschränkt werden musste, einige Gegenstände behandeln will, denen ich besondere Aufmerksamkeit zugewendet habe und die ich nur höchst ungern bei Seite lassen würde, so muss ich die Einleitung der Schrift völlig übergehen und gleich aus dem ersten Theil, der eine Vertheidigung des Heidenthums und einen Angriff auf das Christenthum darstellenden Rede des Cæcilius, eine Stelle besprechen, die von jeher das grösste Interesse erregt hat und durch eine vor nicht gar langer Zeit in Rom gemachte Entdeckung womöglich noch interessanter geworden ist, ich meine Cap. 9, 3, wo wir Folgendes lesen: *nec de ipsis, nisi subsisteret veritas, maxime nefaria et honore præfanda sagax fama loqueretur. audio eos turpissimæ pecudis caput [asini] consecratum inepta nescio qua persuasione venerari: digna et nata religio talibus moribus!* Was zunächst den Text der Stelle betrifft, so scheint nach der Lesart des Parisin. *maxima et uaria* immer noch die wahrscheinlichste Lesart die von P. Daniel vorgeschlagene und auch von Halm angenommene *maxime nefaria*[1]). Das Wort *asini* verräth sich schon durch seine Stellung als Glosse und wird von allen Neuern (Halm, Dombart, Cornelissen, Bæhrens) eingeschlossen. Die Sache hat sich in merkwürdiger Weise erklärt durch ein graffito, welches im Jahr 1856 von einem Jesuiten in den Ruinen der römischen Kaiserpaläste, in der sog. casa Gelotiana[2]) aufgefunden worden ist, jetzt im berühmten museo Kircheriano (den Philologen besonders wegen der ficoronischen cista bekannt) im Jesuiten-Collegium zu Rom aufbewahrt wird und von dessen In-

---

[1]) maxima flagitia Usener maxime turpia Baehrens.
[2]) Vergl. darüber nun auch Baumeister, Denkmäler des klassischen Alterthums, Artikel Topographie von Rom (von O. Richter in Dresden), p. 1485.

schrift ich eine zum Zweck der Raumersparniss etwas zusammengedrängte Abbildung¹) beigegeben habe:

Das heisst: Alexamenos betet (seinen) Gott an.

Alexamenos, jedenfalls ein Sklave, ist dargestellt, wie er einen mit einem Eselskopf versehenen, an's Kreuz gehefteten Menschen anbetet. Mit dieser Zeichnung und Inschrift verhöhnte und denunzirte ein Sklave den andern. Champfleury, *Histoire de la Caricature antique* (Paris, Dentu, 1867), p. 290 s. bemerkt dazu: «Alexamène adore Dieu, telle est la traduction de la légende qui ne prête à aucun doute. Le chrétien Alexamène adorait l'idole à tête d'âne. Celui qui traça ce dessin avec un stylet sur le mur, traçait une dénonciation. Alexamène périt sans doute, victime de la caricature.» (Beigegeben ist auf p. 291 die Zeichnung der Caricatur nebst Inschrift.)²) Beachtenswerth ist in der

---

¹) Dass mir diese durch die Güte des Herrn Weckesser in Rom ermöglicht worden ist, habe ich oben p. VI ausdrücklich bemerkt. Die vortreffliche Photographie des Bildes ist bei dem Photographen Tuminello (via Condotti 21) in Rom erhältlich. Lesenswerth und recht praktisch ist auch die unter derselben stehende, zur Orientirung dienende Notiz.

²) Nach gütiger Mittheilung des Herrn Prof. Dr. Hitzig in Zürich, dem ich auch die untenstehende Notiz aus Reinach verdanke. Durch Hrn. Hitzig's Vermittlung nennt mir auch Hr. Prof. Dr. Blümner in Zürich folgende (mir leider nicht mehr zugängliche) Litteratur über den Gegenstand: Garucci, Il crocifisso graffito in casa del Cesari, Roma 1857; derselbe: Storia di arte cristiana VI pl. 483. Martigny, Dictionnaire des antiqu. chrét. 2. ed. 1877, p. 110 und 227. de Lonas, Le crucifix blasphème, Arras 1870. (F. Becker, das Spottcrucifix etc. Breslau 1866.)

Inschrift CEBETE = σέβεται. Reinach, Traité d'épigraphie grecque p. 266, sagt zwar: «Ce n'est que vers l'époque de Constantin que la confusion d'αι et ε,η devient fréquente.» Meisterhans dagegen gibt in seiner Grammatik der attischen Inschriften (Zürcher-Dissertation) p. 15 eine grosse Zahl von Beispielen von ε für αι vor der Zeit Constantin's: Πλατεαῖς CIA III, 127, 2. 6 (117/134 nach Chr.) Πειρε(εύς). Ἀθηνέος. διφθέρες. φέδιμον. κέ. u. s. w. [Herr Dr Meisterhans war so freundlich, mir auf meine Anfrage Folgendes mitzutheilen: Zu den S. 16 der ersten Auflage erwähnten Formen Ἀλεύς Πειρεύς, Κυδαθηνεύς, Νικεύς (= Halefs, Pirefs etc. aus Haläefs, Piräefs etc.) kommen hinzu: αἴτωμα = αιέτωμα (äetoma) CIA III, 162, 1 (127—129 nach Chr.), Ἰταίου (= Εἰεταίου) CIA III, 1040, 2 (c. 185 nach Chr.)]. — Soweit also ist die Sache klar und unterliegt keinem Zweifel, wie Champfleury mit Recht sagt. Viel weniger zweifellos aber ist es, wie man sich das Verhältniss des Geredes, von dem Minucius spricht, zu der Caricatur zu denken hat. War diese die Ursache von jenem oder ist die Zeichnung etwa nur der Ausdruck des erstern? Dies wird nach meiner Ansicht kaum jemals sicher festgestellt werden können, es müssten denn noch andere Monumente aufgefunden werden, die darüber Licht verbreiten. Anders stünde die Sache freilich, wenn das Zeitalter des Minucius ganz sicher angegeben werden könnte. Dem ist aber nicht so. Vielmehr ist eine der schwierigsten Fragen, die bei unserm Schriftsteller aufgeworfen werden können und müssen, gerade die, zu welcher Zeit er seinen Dialog verfasst habe. Hier bleibt mir aus dem bereits angegebenen Grunde nichts übrig, als den Leser in einer kurzen Uebersicht auf die einschlägigen Schriften zu verweisen und so wenigstens meine Kenntniss der Litteratur darzuthun, welche gerade im letzten Jahre eine wesentliche Bereicherung durch eine sehr eingehende Monographie von solchem Werthe erfahren hat, dass einerseits Jeder, der nicht gerade speziell diesen Gegenstand studiren will, vieles von dem früher Geschriebenen unberücksichtigt lassen kann, andererseits auch hier nicht auf alles Frühere einzutreten nöthig ist.

Seit Adolf Ebert (Geschichte der christlichen abendländischen Litteratur im Mittelalter) neigten sich die Meisten der Ansicht zu, dass Minucius vor Tertullian geschrieben habe, dass also da, wo zwischen beiden Schriftstellern grosse Aehnlichkeit besteht, Tertullian dem Minucius gefolgt sei, und nicht umgekehrt Minucius dem Tertullian. Diese Ansicht wurde zwar immer wieder heftig bestritten, schien aber doch die Oberhand zu behalten[1]), bis die ganze Frage im letzten Jahr von Dr. Fr. Wilhelm in einer der Breslauer Abhandlungen zur Philologie von Neuem gründlich und erschöpfend behandelt und theils mit Wiederaufnahme der schon früher vorgebrachten Gründe, theils mit vollständiger Erörterung der Parallelstellen und Aufstellung neuer Gesichtspunkte dargethan wurde,

dass die Behauptung der Abhängigkeit des Tertullian von Minucius durchaus nicht aufrecht erhalten werden kann,

dass vielmehr mit weit grösserer Wahrscheinlichkeit die schon früher verfochtene Annahme einer g e m e i n s a m e n Q u e l l e für Minucius und Tertullian gutgeheissen werden muss.

So sehr ich nun den auf das bisher Angeführte zielenden Auseinandersetzungen Wilhelm's meine Anerkennung und meinen Beifall zolle (wesentlich zu denselben Resultaten war ich schon vor dem Erscheinen seiner interessanten Schrift gelangt), so wenig glaube ich es billigen zu dürfen, dass Wilhelm sich mit den bis dahin gewonnenen Resultaten nicht begnügt und in einem letzten Abschnitt darzuthun versucht, dass Minucius ~~bestimmt~~ später als Tertullian anzusetzen sei. Nach eingehender Prüfung der Quellen und der einschlägigen Litteratur scheint es mir unzweifelhaft, dass dies nicht bewiesen werden kann, dass wir vielmehr besser daran thun, vorderhand zuzugeben, in dieser Angelegenheit könne, so wie jetzt die Sachen stehen, nichts sicher bewiesen werden, und offen einzuräumen, dass Minucius wahrscheinlich in der zweiten Hälfte des zweiten nachchristlichen Jahrhunderts oder gegen das Ende desselben geschrieben habe.

Jedem, auch dem mit der Sache nicht näher Vertrauten, leuchtet ein, dass die auch nur einigermassen erschöpfende Begründung dieser Ansicht in einer so schwierigen und weitschichtigen Materie nicht auf einigen Seiten abgethan werden kann.

---

[1]) Vergl. z. B. auch den Aufsatz von P. Schwenke, Jahrbücher für protestantische Theologie, 1883, p. 263 ff., und Bæhrens in der præfatio seiner Ausgabe, daselbst auch p. XXXV.

Mit blosser Hervorhebung einiger Hauptstellen und Hauptumstände ist hier eben nicht gedient. Es erübrigt mir also nur, noch einmal um Berücksichtigung der oben angegebenen Umstände zu bitten und den Wunsch zu wiederholen, dass, nachdem in kritischer Hinsicht von so trefflichen Männern[1]) so Namhaftes geleistet worden ist, dem bei weitem dringendern Bedürfniss einer Ausgabe mit fortlaufendem exegetischem Commentar recht bald abgeholfen werden möge.[2])

---

1) Ausser den schon oben und dann in den kritischen Anmerkungen erwähnten sind noch anzuführen: W. Hartel, A. Kiessling, J. Mähly u. A., um von den vielen ältern Gelehrten, die sich mit dem Text des M. befasst haben, gar nicht zu reden. Ich habe den kritischen Apparat so viel als möglich zusammengedrängt, wie mir scheint, mit gutem Grunde: das grössere Publikum, für welches diese Arbeit eben auch bestimmt ist, hat einen theilweise nicht ganz unberechtigten Abscheu vor Variantensammlungen, und leicht setzt sich dann auch desshalb die schon sonst oft auftauchende Meinung fest, dass die moderne Philologie ihre Hauptaufgabe in solchen erblicke, während ja doch die kritische Arbeit immer nur das Mittel zum Zweck ist, was ich hier noch ausdrücklich hervorhebe.

2) Immerhin kann ich es mir nicht versagen, mit ein paar Worten, soweit der Raum noch reicht, meine Ansicht von dem Verhältniss der Schriftsteller darzulegen:

Um die Mitte des 2. Jahrhunderts scheint eine Apologie des Christenthums verfasst worden zu sein, welche aus irgend einem uns unbekannten Grunde nicht zur Geltung kam oder der Ueberarbeitung zu bedürfen schien. Diese wurde in verschiedenem Geiste unternommen, und zwar ungefähr zu derselben Zeit. Minucius schrieb für das heidnisch gebildete Publikum der höhern Classen, mit sorgfältiger Uebergehung solcher Punkte, von denen er bei seiner genauen Kenntniss der Leute, an die er sich wandte, voraussetzen musste, dass sie nur mitleidiges, höhnisches Achselzucken hervorrufen und die günstige Aufnahme des Ganzen in Frage stellen würden. Tertullian dagegen richtete sich im Sinne des Stifters der Religion an Alle, Hoch und Gering, Reich und Arm und vertheidigte alle Sätze des Christenthums mit dem Feuereifer und der Kraft des begeisterten Vorkämpfers einer viel höher, für Viele damals noch zu hoch stehenden Religion. Minucius war ein Praktikus und Diplomat, Tertullian ein Zelot und ein muthiger Kämpfer für den von ihm (was bei Minucius zweifelhaft erscheint) in allen Dingen für unfehlbar gehaltenen Glauben. So beurtheilte auch Lactantius, der auf dem Standpunkt des Dogmatikers stehende Kirchenlehrer, nebenbei gesagt der beste Stilist unter den Kirchenvätern, seine Vorgänger. Er bedauerte, dass Minucius sein grosses Talent nicht noch weiter verwendet und nicht noch andere Fragen mit derselben Gewandtheit behandelt hätte. Wir dagegen sind froh darüber, dass er wenigstens einmal mit so viel Geschick die Sache des Christenthums in einer so gewandten, für uns so mannigfach lehrreichen und werthvollen Form vertreten und damit ein historisch höchst merkwürdiges Denkmal hinterlassen hat.

M. Minucii Felicis Octavius.

Cap. 20—26 incl.

20 Exposui opiniones omnium fere philosophorum, quibus inlustrior gloria est, deum unum multis licet designasse nominibus, ut quiuis arbitretur, aut nunc Christianos philosophos esse
2 aut philosophos fuisse iam tunc Christianos. quod si prouidentia mundus regitur et unius dei nutu gubernatur, non nos debet antiquitas inperitorum fabellis suis delectata uel capta ad errorem mutui rapere consensus, cum philosophorum suorum sententiis refellatur, quibus et rationis et uetustatis adsistit auctoritas.
3 maioribus enim nostris tam facilis in mendaciis fides fuit, ut temere crediderint etiam animalia monstruosa, mera miracula: Scyllam multiplicem, Chimæram multiformem et Hydram felicibus uulneribus renascentem et Centauros equos suis hominibus inplexos, et quicquid famæ licet fingere, illis erat libenter audire.
4 quid illas aniles fabulas, de hominibus aues et feras *factas esse* et de hominibus arbores atque flores? quæ si essent facta,
5 fierent; quia fieri non possunt, ideo nec facta sunt. similiter uero *heroas* ac deos quoque maiores nostri inprouide creduli, sed rudi simplicitate crediderunt. dum reges suos colunt religiose, dum defunctos eos desiderant in imaginibus uidere, dum gestiunt eorum memorias in statuis detinere, sacra facta sunt quæ fuerant
6 adsumpta solacia. denique et antequam commerciis orbis pateret et antequam gentes ritus suos moresque miscerent, unaquæque natio conditorem suum aut ducem inclytum aut reginam pudicam sexu suo fortiorem aut alicuius muneris uel artis repertorem uenerabatur ut ciuem bonæ memoriæ. Sic et defunctis præmium et futuris dabatur exemplum.
21 Lege historicorum scripta uel scripta sapientium. eadem mecum recognosces. ob merita uirtutis aut muneris deos habitos

---
2. designantium B a e h r e n s, designasse P. (P = Cod. Parisin. 1661).
6. ad errorum de multis diis rapere consensum B a e h r e n s.
17. heroas ac deos B a e h r e n s, ac uero erga deos P. creduli sed (set) B a e h r e n s, creduli* P.

Euhemerus exsequitur, et eorum natalis patrias sepulcra dinumerat et per prouincias monstrat, Dictaei Iouis et Apollinis Delphici et Phariae Isidis et Cereris Eleusiniae. Prodicus adsumptos in deos lo- 2 quitur qui errando inuentis nouis frugibus utilitati hominum pro- fuerunt, in eandem sententiam et Persaeus philosophatur et adnectit inuentas fruges et frugum ipsarum repertores isdem nominibus, ut comicus sermo est, Venerem sine Libero et Cerere frigere. Alexan- 3 der ille Magnus Macedo insigni uolumine ad matrem suam scripsit, metu suae potestatis proditum sibi de diis hominibus a sacerdote secretum: illic Vulcanum facit omnium principem, et postea Iouis gentem. Saturnum enim principem huius generis et examinis om- 4 nes scriptores uetustatis Graeci Romanique hominem prodiderunt. scit hoc Nepos et Cassius in historia, et Thallus ac Diodorus hoc loquuntur. is itaque Saturnus Creta profugus Italiam metu 5 filii saeuientis accesserat et Iani susceptus hospitio rudes illos homines et agrestes multa docuit ut Graeculus et politus, litteras inprimere, nummos signare, instrumenta conficere. itaque late- 6 bram suam, quod tuto latuisset, uocari maluit Latium, et urbem Saturniam idem de suo nomine et Ianiculum Ianus ad memoriam uterque posteritatis reliquerant. homo igitur utique qui fugit, 7 homo utique qui latuit, et pater hominis et natus ex homine; Terrae enim uel Caeli filius, quod apud Italos esset ignotis paren- tibus proditus *uel repentino aduenisset, est dictus;* ut in hodier- num inopinato uisos caelo missos, ignobiles et ignotos terrae filios nominamus. eius filius Iuppiter Cretae excluso parente 8 regnauit, illic obiit, illic filios habuit: adhuc antrum Iouis uisi- tur et sepulcrum eius ostenditur, et ipsis sacris suis humanita- tis arguitur.

Otiosum est ire per singulos et totam seriem generis istius 9 explicare, cum in primis parentibus probata mortalitas in ceteros ipso ordine successionis influxerit, nisi forte post mortem deos

1. Ueber E u h e m e r u s vergl. P a u l y, Real-Encyclopædie der classischen Alter- thumswissenschaft III p. 269.
4. arando U s e n e r.
5. Ueber P e r s a e u s vergl. P a u l y a. a. O. V p. 1358.
11 ss. vergl. P r e l l e r, röm. Mythologie, 3. Aufl., von H. Jordan, Berlin 1881—83, II p. 12, Anm. 1.
13. C a s s i u s Hemina.
23. uel repentino aduenisset, est dictus add. B a e h r e n s (cf. p. XXXII ed. Baehrens. et Lactant. I 11, 55).

fingitis, ut perierante Proculo deus Romulus et Iuba Mauris uolentibus deus est, et diui ceteri reges, qui consecrantur non ad fidem numinis, sed ad honorem emeritæ potestatis. inuitis his denique hoc nomen adscribitur: optant in homine perseuerare, fieri se deos metuunt, etsi iam senes nolunt. ergo nec de mortuis dii, quoniam deus mori non potest, nec dii nati sunt, quoniam moritur omne quod nascitur; diuinum autem id est, quod nec ortum habet nec occasum. cur enim, si nati sunt, non hodieque nascuntur? nisi forte iam Iuppiter senuit et partus in Iunone defecit et Minerua canuit, antequam peperit. an ideo cessauit ista generatio, quoniam nulla huiusmodi fabulis præbetur adsensio? ceterum si dii creare possent, interire non possent, plures totis hominibus deos haberemus, ut iam eos nec cælum contineret nec aer caperet nec terra gestaret. unde manifestum est homines illos fuisse, quos et natos legimus et mortuos scimus. [et despicis Isidis ad hirundinem, sistrum et adsparsis membris inanem tui Serapidis siue Osiris tumulum].

Considera denique sacra ipsa et ipsa mysteria: inuenies exitus tristes, fata et funera et luctus atque planctus miserorum deorum. Isis perditum filium cum Cynocephalo suo et caluis sacerdotibus luget, plangit anquirit, et Isiaci miseri cædunt pectora et dolorem infelicissimæ matris imitantur: mox inuento paruulo gaudet Isis, exultant sacerdotes, Cynocephalus inuentor gloriatur, nec desinunt annis omnibus uel perdere quod inueniunt uel inuenire quod perdunt. nonne ridiculum est uel lugere quod colas uel colere quod lugeas? hæc tamen Aegyptia quondam sacra nunc et Romana sunt. Ceres facibus accensis et serpente circumdata errore subreptam et corruptam Liberam anxia et sollicita uestigat: hæc sunt Eleusinia. et quæ Iouis sacra sunt? nutrix capella est et auido patri subtrahitur infans, ne uoretur, et Corybantum cymbalis, ne pater audiat uagitus, tinnitus eliditur. Cybelæ Dindyma pudet dicere, quæ adulterum suum infeliciter placitum, quoniam ipsa et deformis et uetula, ut multorum

---

16. verba et desp cis — tumulum sunt corrupta, sive ex alio loco hic invecta (Vahlen), sive ex alio scriptore in margine ad sequentem de Iside narrationem adiecta (Baehrens).
18. cf. Preller, l. l. II p. 382, Anm. 5.
27. serpente currui iuncta Erebo Baehrens.

deorum mater, ad stuprum inlicere non poterat, exsecuit, ut deum
scilicet faceret et eunuchum. propter hanc fabulam Galli eam et
semiuiri sui corporis supplicio colunt. hæc iam non sunt sacra,
tormenta sunt. quid? formæ ipsæ et habitus nonne arguunt ludi- 5
bria et dedecora deorum uestrorum? Vulcanus claudus deus et
debilis, Apollo tot ætatibus leuis, Aesculapius bene barbatus,
etsi semper adulescentis Apollinis filius, Neptunus glaucis oculis,
Minerua cæsiis, bubulis Iuno, pedibus Mercurius alatis, Pan un-
gulatis, Saturnus compeditis. Ianus uero frontes duas gestat,
quasi et auersus incedat: Diana interim est alte succincta uenatrix
et Ephesia mammis multis et uberibus exstructa et Triuia trinis
capitibus et multis manibus horrifica. quid ipse Iuppiter uester? 6
modo inberbis statuitur, modo barbatus locatur; et cum Ham-
mon dicitur, habet cornua, et cum Capitolinus, tunc gerit fulmina, et cum Latiaris, cruore perfunditur, et cum Feretrius, *corona
induitur*. et ne longius multos Ioues obeam, tot sunt Iouis mon-
stra quot nomina. Erigone suspensa de laqueo est, ut uirgo 7
inter astra agnita sit, Castores alternis moriuntur ut uiuant,
Aesculapius ut in deum surgat fulminatur, Hercules ut hominem
exuat Oetæis ignibus concrematur.

Has fabulas et errores et ab inperitis parentibus discimus 23
et, quod est grauius, ipsis studiis et disciplinis elaboramus, car-
minibus præcipue poetarum, qui plurimum quantum ueritati ipsi
sua auctoritate nocuerunt. et Plato ideo præclare Homerum illum 2
inclytum laudatum et coronatum de ciuitate, quam in sermone
instituebat, eiecit. hic enim præcipuus bello Troico deos uestros, 3
etsi ludos facit, tamen [in] hominum rebus et actibus miscuit,
hic eorum paria composuit, sauciauit Venerem, Martem uinxit
uulnerauit fugauit. Iouem narrat Briareo liberatum, ne a diis 4
ceteris ligaretur, et Sarpedonem filium, quoniam morti non poterat eripere, cruentis imbribus fleuisse et loro Veneris inlectum

---

2. faceret et eunuchum P, „ita ut erasum sit et", adnotat Baehrens, rem non satis
perspicuam esse dicit O. de Greyerz. particulam et hic tolerari posse, post faceret
autem facile errore additam esse posse nemo non concedet.
20. cf. Preller, l. l. I p. 215, Anm. 2.
15. corona induitur Baehrens opimis induitur J. Fr. Gronov. non auditur P.
22. ipsi Meursius (Baehrens) ipsis P.
24. Plato de Rep. III, p. 398 A.
27. in seclusit Usener. immiscuit suspicatur Baehrens.

flagrantius, quam in adulteras soleat, cum Iunone uxore concumbere. alibi Hercules stercora egerit et Apollo Admeto pecus pascit. Laomedonti uero muros Neptunus constituit, nec mercedem operis infelix structor accipit. illic *Vulcanus* Iouis fulmen sub Aetnæ antris in incude fabricatur, cum cælum et fulmina et fulgura longe ante fuerint, quam Iuppiter in Creta nasceretur, et flammas ueri fulminis nec Cyclops potuerit imitari nec ipse Iuppiter non uereri. quid loquar Martis et Veneris adulterium deprehensum et in Ganymede Iouis stuprum cælo consecratum? quæ omnia in hoc prodita, ut uitiis hominum quædam auctoritas pararetur. his atque huiusmodi figmentis et mendaciis dulcioribus corrumpuntur ingenia puerorum et isdem fabulis inhærentibus adusque summum ætatis robur adolescunt et in isdem opinionibus miseri consenescunt, cum sit ueritas obuia, sed requirentibus. quis ergo dubitat deorum imagines consecratas uulgus orare et publice colere, dum opinio et mens imperitorum artis concinnitate decipitur, auri fulgore præstringitur, argenti nitore et candore eboris hebetatur? quodsi in animum quis inducat, tormentis cuibus et quibus machinis simulacrum omne formetur, erubescet timere se materiem ab artifice, ut deum faceret, inlusam. deus enim ligneus, rogi fortasse uel infelicis stipitis portio, suspenditur cæditur dolatur runcinatur; et deus æreus uel argenteus de immundo uasculo, ut accepimus factum Aegyptio regi, conflatur, tunditur malleis et *in* incudibus figuratur; et lapideus *deus* cæditur, scalpitur et ab inpurato homine leuigatur nec sentit suæ natiuitatis iniuriam, ita ut nec postea de uestra ueneratione culturam. nisi forte nondum deus saxum est uel lignum uel argentum. quando igitur hic nascitur? ecce funditur fabricatur sculpitur: nondum deus est; ecce plumbatur construitur erigitur: nec adhuc deus est; ecce ornatur consecratur oratur: tunc postremo deus est, cum homo illum uoluit et dedicauit.

---

4. Vulcanus addidit Ursinus.
5. sub Aetnae antris scripsit Baehrens cum æneæ armis P.
9. Ganymede corr. Koch. Ganimedeu P.
13. summum corr. Cornelissen. summæ P.
15. deorum (dōrum) scripsit Baehrens: horum P, hominum Halm.
21. inlusam P, inlisam scr. esse put. Baehrens.
24. In addidit Meursius (Baehrens).
25. deus addidit Vahlen.

Quam acute uero de diis uestris animalia muta naturaliter **24**
iudicant! mures hirundines milui non sentire eos sciunt: rodunt
inculcant insident ac, nisi abigatis, in ipso dei uestri ore nidi-
ficant; araneæ uero faciem eius intexunt et de ipso capite sua
fila suspendunt. uos tergetis mundatis eraditis et illos, quos faci- *2*
tis et protegitis, timetis. dum unusquisque uestrum non cogitat
prius se debere deum nosse quam colere, dum inconsulte gestiunt
parentibus obœdire, dum fieri malunt alieni erroris accessio quam
sibi credere, dum nihil ex his quæ timent norunt. sic in auro
et argento auaritia consecrata est, sic statuarum inanium con-
signata forma, sic nata Romana superstitio. quorum ritus si per-
censeas, ridenda quam multa, *quam multa* etiam miseranda sunt!
nudi cruda hieme discurrunt, alii incedunt pilleati, scuta uetera *3*
circumferunt, pelles cædunt, mendicantes uicatim deos ducunt.
quædam fana semel anno adire permittunt, quædam in totum
nefas uisere ; est quo uiro non licet, nonnulla absque feminis
sacra sunt, etiam seruo quibusdam cærimoniis interesse piaculare
flagitium est; alia sacra coronat uniuira, alia multiuira, et magna
religione conquiritur quæ plura possit adulteria *quam partus*
numerare. quid, qui sanguine suo libat et uulneribus suis sup- *4*
plicat, non profanus melius esset quam sic religiosus? aut cui
testa sunt obscena demessa, quo modo deum non uiolat qui hoc
modo placat, cum si eunuchos deus uellet, posset procreare non
facere? quis non intellegat male sanos et uanæ et perditæ mentis *5*
in ista desipere et ipsam errantium turbam mutua sibi patrocinia
præstare? sic defensio communis furoris est furentium multitudo.

At tamen ista ipsa superstitio Romanis dedit auxit fundauit **25**
imperium, cum non tam uirtute quam religione et pietate polle-
rent. nimirum insignis et nobilis iustitia Romana ab ipsis imperii
nascentis incunabulis auspicata est. nonne in ortu suo et scelere *2*

---
1. Quam acute uero Baehrens Quanto uerius Ursinus quanta uero P.
5. quos facitis protegitis, et timetis P. corr. Meursius.
12. quam multa addidit Heumann.
13. cf. Preller, l. l. I p. 360, Anm. 1.
16. licet itus, suspic. Baehrens, licet et P. et del. Gelenius.
19. quam partus addidit Vahlen coll. Lact. D. Inst. I 17.
22. non uiolat, non addid. Perizon.
23. non facere seclusit Sauppe.
25. desipere P. decidere Baehrens.
26. sic Wopkens. hic P.
30. et scelere P. sunt scelere Baehrens.

collecti et muniti immanitatis suae terrore creuerunt? nam asylo prima plebs congregata est: confluxerant perditi, facinerosi, incesti, sicarii, proditores; et ut ipse Romulus imperator et rector populum suum facinore praecelleret, parricidium fecit. haec prima sunt auspicia religiosae ciuitatis. mox alienas uirgines [iam desponsatas] iam destinatas et nonnullas de matrimonio mulierculas sine more rapuit uiolauit inlusit et cum earum parentibus, id est cum soceris suis, bellum miscuit, propinquum sanguinem fudit. quid inreligiosius, quid audacius, quid ipsa sceleris confidentia astutius? iam finitimos agro pellere, ciuitates proximas euertere cum templis et altaribus, captos cogere, damnis alienis et suis sceleribus adolescere cum Romulo regibus ceteris et post reipublicae ducibus disciplina communis est. ita quicquid Romani tenent colunt possident, audaciae praeda est: templa omnia de manubiis, id est de ruinis urbium, de spoliis deorum, de caedibus sacerdotum: hoc insultare et inludere est, uictis religionibus seruire, captiuas eas post uictorias adorare. nam adorare quae manu ceperis, sacrilegium est consecrare, non numina. totiens ergo Romanis impiatum est quotiens triumphatum, tot de diis spolia quot de gentibus sunt tropaea. igitur Romani non ideo tanti, quod religiosi, sed quod inpune sacrilegi. neque enim potuerunt in ipsis bellis deos adiutores habere, aduersus quos arma rapuerant, sed quos prostrauerant, detriumphatos colere coeperunt. quid autem isti dii pro Romanis possunt, qui nihil pro suis aduersus eorum arma ualuerunt? Romanorum enim uernaculos deos nouimus: Romuli sunt Picus, Tiberinus et Consus et Pilumnus ac Volumnus dii; Cloacinam Tatius et inuenit et coluit; Pauorem Hostilius atque Pallorem; mox a nescio quo Febris dedicata: haec alumna urbis istius superstitio, morbi et malae ualetudines. sane et Acca Laurentia et Flora, meretrices propudiosae, inter morbos Romanorum et deos computandae. isti scilicet aduersus ceteros, qui in gentibus colebantur, Romanorum imperium protulerunt; neque enim eos aduersum suos homines

---

5. [Iam desponsatas] seclusit Usener.
10. astutius corr. Baehrens tutius P. turpius Halm.
23. prostrauerant corr. Dombart postulauerant P.
26. Romuli sunt (st) corr. Baehrens Romulus P.
30. Laurentia P. Larentia Ursinus. cf. Liv. I 4. et Baehrens. in Fleckeisen. annal. 1885 p. 777 sqq.

uel Mars Thracius uel Iuppiter Creticus uel Iuno nunc Argiua nunc Samia nunc Poena uel Diana Taurica uel mater Idæa uel Aegyptia illa non numina sed portenta iuuerunt. nisi forte apud istos maior castitas uirginum aut religio sanctior sacerdotum, cum pæne in rudibus uirginibus et quæ inconsultius se uiris miscuissent, Vesta sane sciente, sit incestum uindicatum, in residuis impunitatem fecerit non castitas tutior, sed inpudicitia felicior. ubi autem magis [a sacerdotibus] quam inter aras et delubra condicuntur stupra, tractantur lenocinia, adulteria meditantur? frequentius denique in ædituorum cellulis quam in ipsis lupanaribus flagrans libido defungitur. et tamen ante eos deo dispensante diu regna tenuerunt Assyrii, Medi, Persæ, Græci etiam et Aegyptii, cum pontifices et aruales et salios et uestales et augures non haberent nec pullos cauea reclusos, quorum cibo uel fastidio res publica summa regeretur.

Iam enim uenio ad illa auspicia et auguria Romana, quæ summo labore collecta testatus es et pænitenter omissa et obseruata feliciter. Clodius scilicet et Flaminius et Iunius ideo exercitus perdiderunt, quod pullorum solistimum tripudium exspectandum non putauerunt. quid Regulus? nonne auguria seruauit et captus est? Mancinus religionem tenuit: et sub iugum missus est et deditus. pullos edaces habuit et Paulus, apud Cannas tamen cum maiore populi Romani parte prostratus est. Gaius Cæsar, ne ante brumam in Africam nauigia transmitteret, auguriis et auspiciis retinentibus, spreuit: eo facilius et nauigauit et uicit. quæ uero et quanta de oraculis persequar? post mortem Amphiaraus uentura respondit, qui proditum iri se ob monile ab uxore nesciuit. Tiresias cæcus futura uidebat, qui præsentia non uidebat. de Pyrrho Ennius Apollinis Pythi responsa confinxit, cum iam Apollo uersus facere desisset; cuius tunc cautum illud et ambiguum defecit oraculum, cum et politiores homines

---

3 ss. cf. Preller, l. l. II p. 177, Anm. 1.
5. rudibus corr. Baehrens. pluribus P.
6. sane sciente Baehrens nesciente P.
8. [a sacerdotibus] secluslt Sauppe.
9. condicuntur Ursinus conducuntur P.
17. testatus es. cf. cap. 7, 1 sqq.
19. solistimum Gelenius. solemnissimum P.
26. persequar Baehrens. prosequar P.
28. caecus suspectum Dauisio. an aeque? adnot. Baehrens.

et minus creduli esse coeperunt. et Demosthenes, quod sciret responsa simulata, φιλιππίζειν Pythiam querebatur.

At nonnunquam tamen ueritatem uel auspicia uel oracula tetigerunt. quamquam inter multa mendacia uideri possit industriam casus imitatus, adgrediar tamen fontem ipsum erroris et prauitatis, unde omnis caligo ista manauit, et altius eruere et aperire manifestius. spiritus sunt insinceri, uagi, a caelesti uigore terrenis laboribus et cupiditatibus degrauati. isti igitur spiritus, posteaquam simplicitatem substantiae suae onusti et inmersi uitiis perdiderunt, ad solacium calamitatis suae non desinunt perditi iam perdere et deprauati errorem prauitatis infundere et alienati a deo inductis prauis religionibus ab eo segregare. eos spiritus daemonas esse poetae sciunt, philosophi disserunt, Socrates nouit, qui ad nutum et arbitrium adsidentis sibi daemonis uel declinabat negotia uel petebat. magi quoque non tantum sciunt daemonas, sed etiam quicquid miraculi ludunt, per daemonas faciunt: illis adspirantibus et infundentibus praestigias edunt, uel quae non sunt uideri uel quae sunt non uideri. eorum magorum et eloquio et negotio primus Ostanes et uerum deum *conspici posse negans* merita maiestate prosequitur et angelos, id est ministros et nuntios dei, sed ueri eius uenerationi nouit adsistere, ut et nutu ipso et uultu domini territi contremescant. idem etiam daemonas prodidit terrenos, uagos, humanitatis inimicos. quid? Plato, qui inuenire deum negotium credidit, nonne et angelos sine negotio narrat et daemonas? et in Symposio suo etiam naturam daemonum exprimere conititur? uult enim esse substantiam inter mortalem immortalemque, id est inter corpus et spiritum mediam, terreni ponderis et caelestis leuitatis admixtione concretam, ex qua monet *etiam in nobis promi cupidinem* et dicit informari et inlabi pectoribus humanis et sensum mouere et adfectus fingere et ardorem cupiditatis infundere.

2. philippi zaeno phytiam P.
15. petebat P. appetebat P. Daniel gerebat Heumann.
19. Sosthenes P. Hostanes Gelenius. Ostanes Baehrens, coll. Cyprian. IV 1.
20. conspici posse negans add. Baehrens.
29. monet etiam in nobis promi cupidinem susp. Halm. verba in P. sunt corruptissima cf. Halm. et Baehrens.

et minus creduli esse coeperunt. et Demosthenes, quod sciret responsa simulata, ηλιτιζειν Pythiam querebatur. At nonnunquam tamen ueritatem uel auspicia uel oracula tetigerunt. quamquam inter multa mendacia uideri possit industriam casus imitatus, adgrediar tamen fontem ipsum erroris et prauitatis, unde omnis caligo ista mananit, et altius eruere et aperire manifestius. spiritus sunt insinceri, uagi, a caelesti uigore terrenis labibus et cupiditatibus degrauati. isti igitur spiritus, posteaquam simplicitatem substantiae suae onusti et inmersi uitiis perdiderunt, ad solacium calamitatis suae non desinunt perditi iam perdere et deprauati errorem prauitatis infundere et alienati a deo inductis prauis religionibus ab eo segregare. eos spiritus daemonas esse poetae sciunt, philosophi disserunt, Socrates nouit, qui ad nutum et arbitrium adsidentis sibi daemonis uel declinabat negotia uel petebat. magi quoque non tantum sciunt daemonas, sed etiam quicquid miraculi ludunt, per daemonas faciunt: illis adspirantibus et infundentibus praestigias edunt, uel quae non sunt uideri uel quae sunt non uideri. eorum magorum et eloquio et negotio primus Ostanes et uerum deum *conspici posse negans* merita maiestate prosequitur et angelos, id est ministros et nuntios dei, sed ueri eius uenerationi nouit adsistere, ut et nutu ipso et uultu domini territi contremescant. idem etiam daemonas prodidit terrenos, uagos, humanitatis inimicos. quid? Plato, qui inuenire deum negotium credidit, nonne et angelos sine negotio narrat et daemonas? et in Symposio suo etiam naturam daemonum exprimere conititur? uult enim esse substantiam inter mortalem immortalemque, id est inter corpus et spiritum mediam, terreni ponderis et caelestis leuitatis admixtione concretam, ex qua monet *etiam in nobis promi cupidinem* et dicit informari et inlabi pectoribus humanis et sensum mouere et adfectus fingere et ardorem cupiditatis infundere.

2. philippi zaeno phytiam P.
15. petebat P. appetebat P. Daniel gerebat Heumann.
19. Sosthenes P. Hostanes Gelenius. Ostanes Baehrens, coll. Cyprian. IV 1.
20. conspici posse negans add. Baehrens.
29. monet etiam in nobis promi cupidinem susp. Halm. verba in P. sunt corruptissima cf. Halm. et Baehrens.

Bemerkung.

Um allfälligen Missverständnissen vorzubeugen, muss ich dem auf Seite 21—27 beigegebenen Text von Sat. II und III Folgendes vorausschicken:

1. Bei der Konstituirung des Textes bin ich in der Hervorhebung der Autorität des Cod. B 1, welche allerdings (wie auch in der Ueberschrift gesagt ist) stattgefunden hat, nicht so weit gegangen, dass ich mich ausschliesslich an diese Handschrift gehalten habe; um eine Art Facsimile derselben kann es sich ja nicht handeln. Abweichungen habe ich nur da angegeben, wo sich eine solche für einen Kenner des Persius und seiner Ueberlieferung nicht von selbst versteht.

2. Die unter dem Text stehenden Noten sind eine Auswahl der Interlinearscholien des Cod. B 1, von denen auch Jahn Prolegom. CXCVII sq. einige Beispiele (aber nicht aus diesen zwei Satiren) gibt. Zu Sat. II 1—48 konnten desshalb keine derartigen Noten beigefügt werden, weil leider im Cod. ein Blatt (f. IV) schon vor langer Zeit verloren gegangen ist, auf dem I 96 bis II 48 incl. standen.

3. Gerade im Persius-Text sind leider mehrere Druckfehler übersehen worden, die ich zu corrigiren bitte:

II 31 soll es heissen: ecce anstatt ecec.
II 48 ferto anstatt festo.
II 75 admoneam anstatt admoneam.
In der Ueberschrift von Sat. III muss das Komma nach Flacci gestrichen werden.
III 2 angustas anstatt augustas.
III 26 müssen die Worte Quid metuas? durch — — vom Vorhergehenden und Folgenden getrennt werden.
III 29 muss nach salutas ein Fragezeichen stehen, ebenso
III 60 nach arcum ein Komma anstatt des Semikolon, und
III 84 nach reuerti ein Punkt anstatt des Komma.
III 97 sepeli anstatt sepelii.
III 88 und 107 Alinea.

4. Die weitere Emendation des Scholien-Textes muss ich, damit diese Arbeit endlich zum Abschluss gebracht werde, auf den dritten Theil (Scholien zu Sat. III—VI) verschieben. Zur baldigen Herausgabe dieser Partie habe ich mich nun fest entschlossen und in diesem Entschluss konnte mich die freundliche und wohlwollende Aufmunterung von Seiten eines Gelehrten, wie Prof. Bücheler in Bonn, dem ich diesen 2. Theil zusandte, nur bestärken.

B. Die Persius-Scholien nach den Bernerhandschriften.

II. Die Scholien zu Sat. II und III,
nebst dem Text von Sat. II und III, nach Cod. Bern. 257.

B. Die Persius-Scholien nach den Bernerhandschriften.

II.

Zur Wiederaufnahme der Veröffentlichung der Persius-Scholien nach den Bernerhandschriften veranlasste mich nicht nur der Wunsch, eine einmal begonnene Arbeit nach längerer, hauptsächlich durch Beschäftigung auf andern wissenschaftlichen Gebieten verursachten Unterbrechung wenigstens einigermassen zu Ende zu führen, sondern auch das offenbar wieder im Steigen begriffene Interesse an diesen in ihrer Art eben doch eigenthümlichen und mehrfach werthvollen Scholien, vollends der von einem kompetenten Beurtheiler ganz ausdrücklich ausgesprochene Wunsch[1]), welcher von dem Verfasser der bezüglichen Artikel in Bursian-Müller's Jahresberichten, Prof. Dr L. Friedländer in Königsberg, offenbar gebilligt wird[2]), «dass die Scholia Bernensia und die von Vindob. 1 einmal vollständig edirt werden möchten, damit vielleicht durch Vergleichung die Grundlage für eine Neugestaltung des Textes gewonnen und dann der Text mit Hilfe anderer Handschriften weiter verbessert werden könnte». Eine Neuherausgabe dieser Scholien, heisst es an dem angeführten Orte weiter, würde jedenfalls einem Bedürfniss Jener entgegenkommen, die sich mit Persius abgeben, da gegenwärtig die Jahn'sche Ausgabe des Persius mit dem Commentum nur um schweres Geld zu beschaffen ist[3]).

Dass man mit dem von H. Liebl in den citirten Worten angegebenen Vorgehen wirklich den überhaupt allein richtigen Weg einschlagen würde, hat schon A. Zingerle in seiner vorzüglichen, diesen Gegenstand betreffenden Abhandlung[4]) angedeutet, und Alle, welche sich seither mit den Persius-Scholien beschäftigten, haben diesen Weg betreten, mit andern Worten also Beiträge

---

[1] Vergl. Beiträge zu den Persius-Scholien. Vom kgl. Studienlehrer Hans Liebl. Programm der k. b. Studienanstalt Straubing für 1882—83. Straubing 1883, und hier bes. p. 54.
[2] Vergl. Bursian-Müller, Jahresbericht etc. 47. Band. 14. Jahrgang. 1886. Berlin 1888. p. 194 und 195.
[3] In einem der neuesten Cataloge finde ich die erwähnte Ausgabe zu 39 Mk. notirt.
[4] Vergl. A. Zingerle, Professor in Innsbruck, Zu den Persius-Scholien. Wien 1881 (aus dem Jahrgange der Sitzungsberichte der phil.-histor. Classe der kais. Akademie der Wissenschaften CXCVII. Bd., III. Heft, S. 731, besonders abgedruckt) und hier namentlich p. 3 und 4, ferner 31 und 32.

zu einer Neugestaltung des von Jahn in seiner sonst so trefflichen und mit Recht berühmten Ausgabe nicht immer mit der nöthigen Sorgfalt behandelten Textes geliefert, zu dessen Herstellung vor mehr als 40 Jahren eben auch bei weitem weniger Material zu Gebote stand.

Denselben Zweck setzt sich nun auch die vorliegende kleine Arbeit, welche ich gelegentlich durch Bearbeitung des Commentars zu der 3.—6. Satire mit Zusammenfassung der aus der Betrachtung des ganzen Commentars hervortretenden neuen Gesichtspunkte zum definitiven Abschluss zu bringen gedenke.

Während ich im ersten Theil dieser Beiträge[1]) zu den Scholien von einer Beigabe des Persius-Textes absah, schien es mir diesmal mit Rücksicht auf diejenigen Leser, welche sich nicht speziell mit Persius abgeben, vielleicht aber doch durch diese Zeilen zur Beschäftigung mit jenem liebenswürdigen, leider durch die Ungunst des Schicksals nicht zur Reife gelangten, aber immerhin bedeutenden und edelgesinnten Schriftsteller[2]) angeregt werden sollten, wünschenswerth, dass der Text der betreffenden Satiren nach den Handschriften beigegeben werde, und zwar mit Hervorhebung der Autorität des Bernensis 257, von welchem Jahn, Persius, Prolegomena, p. CXCVII, sagt: Egregie scriptus est etc. — Usus est eo est iam Casaubonus, qui perantiquas clarissimi viri Iacobi Bongarsii membranas vocat (ad prol. 5 al.), et magni æstimat; etiam mihi summæ auctoritatis fuit.

Hier bietet sich mir auch die beste Gelegenheit, mit dem herzlichsten Dank die Zuvorkommenheit zu erwähnen, mit welcher mir die Behörden der Berner Stadtbibliothek, vor allen der Präsident der Bibliothekkommission, Hr. Pfarrer Dr. Rüetschi, mein verehrter väterlicher Freund, dann Hr. Oberbibliothekar Dr. Blösch und ferner Hr. Stadtschreiber E. Schwammberger in Burgdorf die Benutzung der betreffenden Handschriften gestattet und sogar für längere Zeit ermöglicht haben.

Burgdorf, im Juni 1888.

Dr. E. Kurz.

---

[1]) Vergl. Jahresbericht über das Gymnasium in Burgdorf am Schlusse des Schuljahres 1874—1875. Beigabe von Dr. E. Kurz: Die Persius-Scholien nach den Bernerhandschriften. X und 25 Seiten. Burgdorf 1875.

[2]) Man vergleiche übrigens den noch jetzt bedeutenden, vortrefflich geschriebenen Aufsatz von Jahn, Artikel Persius, in der allgemeinen Encyclopädie von Ersch und Gruber.

Auli Persii Flacci Sat. II et III,

ad fidem codicum Bernensium,

præcipue cod. 257 (B I)

editæ.

SATIRA II.

Hunc, Macrine, diem numera meliore lapillo,
Qui tibi labentes apponit candidus annos.
Funde merum genio. Non tu prece poscis emaci,
Quæ nisi seductis nequeas committere diuis.
⁵ At bona pars procerum tacita libabit acerra:
Haud cuiuis promptum est murmurque humilesque susurros
Tollere de templis et aperto uiuere uoto.
Mens bona, fama, fides! hæc clare et ut audiat hospes:
Illa sibi introrsum et sub lingua immurmurat: O si
¹⁰ Ebulliat patruus, præclarum funus! et: O si
Sub rastro crepet argenti mihi seria, dextro
Hercule! pupillumue utinam, quem proximus heres
Impello, expungam! namque est scabiosus et acri
Bile tumet. Nerio iam tertia ducitur uxor.
¹⁵ Hæc sancte ut poscas, Tiberino in gurgite mergis
Mane caput bis terque et noctem flumine purgas?
Heus age, responde: — minimum est quod scire laboro —
De Ioue quid sentis? estne, ut præponere cures
Hunc? Cuinam? Cuinam? uis Staio? an scilicet hæres?
²⁰ Quis potior iudex, puerisue quis aptior orbis?

Hoc igitur, quo tu Iouis aurem impellere temptas,
Dic agedum Staio: pro Juppiter! o bone, clamet,
Juppiter! At sese non clamet Juppiter ipse?
Ignouisse putas, quia, cum tonat, ocius ilex
²⁵ Sulfure discutitur sacro, quam tuque domusque?
An quia non fibris ouium Ergennaque iubente
Triste iaces lucis euitandumque bidental,
Idcirco stolidam præbet tibi uellere barbam
Juppiter? aut quidnam est, qua tu mercede deorum
³⁰ Emeris auriculas? pulmone et lactibus unctis?
 Ecec atia aut metuens diuum matertera cunis
Exemit puerum frontemque atque uda labella
Infami digito et lustralibus ante saliuis
Expiat, urentes oculos inhibere perita,
³⁵ Tunc manibus quatit et spem macram supplice uoto
Nunc Licini in campos, nunc Crassi mittit in ædes.
‚Hunc optet generum rex et regina! puellæ
Hunc rapiant! quicquid calcauerit hic, rosa, fiat!'
Ast ego nutrici non mando uota: negato,
⁴⁰ Juppiter, hæc illi, quamuis te albata rogarit.
 Poscis opem neruis corpusque fidele senectæ:
Esto, age: sed grandes patinæ tuccetaque crassa
Annuere his superos uetuere Jouemque morantur.
 Rem struere exoptas cæso boue Mercuriumque
⁴⁵ Arcessis fibra: ‚Da fortunare penates,
Da pecus et gregibus fetum! Quo, pessime, pacto,
Tot tibi cum in flamma iunicum omenta liquescant?'
Ac tamen hic extis et opimo uincere festo
Intendit: ‚Iam crescit ager, iam crescit ouile,
⁵⁰ Iam dabitur, iamiam!' donec deceptus et exspes —
Nequiquam ‚fundo,' suspiret, ‚nummus in imo!'
 Si tibi crateras argenti incusaque pingui
Auro dona feram, sudes et pectore læuo
Excutias guttas, lætari prætrepidum cor!
⁵⁵ Hinc illud subiit, auro sacras quod ouato
Perducis facies; nam fratres inter aenos,
Somnia pituita qui purgatissima mittunt,

Præcipui sunto sitque illis aurea barba.
Aurum uasa Numæ Saturniaque impulit æra,
⁶⁰ Vestalesque urnas et Tuscum fictile mutat.
O curuæ in terris animæ et cælestium inanes!
Quid iuuat hoc, templis nostros immittere mores,
Et bona dis ex hac scelerata ducere pulpa?
Hæc sibi corrupto casiam dissoluit oliuo:
⁶⁵ Hæc Calabrum coxit uitiato murice uellus:
Hæc baccam conchæ rasisse et stringere uenas
Feruentis massæ crudo de puluere iussit.
Peccat et hæc, peccat: uitio tamen utitur; at uos
Dicite, pontifices, in sancto quid facit aurum?
⁷⁰ Nempe hoc, quod Veneri donatæ uirgine pupæ.
Quin damus id superis, de magna quod dare lance
Non possit magni Messalæ lippa propago:
Compositum ius fasque animi sanctosque recessus
Mentis et incoctum generoso pectus honesto.
⁷⁵ Hæc cedo ut admoneam templis et farre litabo.

---

57. Pituita dicitur minuta saliua, morbus scilicet gallinarum.
62. Hoc, cod. hos, suprascr. vel hos. nostris, uel nostros.
64. Casiam, i. e. odorem uel unguentum.
66. baccam, margaritam.

Auli Persii Flacci,
SATIRA III.
In luxuriam et uitia diuitum.

Nempe haec assidue? Iam clarum mane fenestras
Intrat et augustas ostendit lumine rimas.
Stertimus indomitum quod despumare Falernum
Sufficiat, quinta dum linea tangitur umbra.
5 En quid agis? siccas insana canicula messes
Iamdudum coquit et patula pecus omne sub ulmo est:
Unus ait comitum. «Verumne? itane? ocius adsit
Huc aliquis. nemo?» Turgescit uitrea bilis.
«Findor», ut Arcadiae pecuaria rudere dicas.
10 Iam liber et bicolor positis membrana capillis
Inque manus chartae nodosaque uenit arundo.
Tum querimur, crassus calamo quod pendeat humor,
Nigra quod infusa nanescat sepia lympha.
Dilutas querimur geminet quod fistula guttas.
15 O miser! inque dies ultra miser! huccine rerum
Venimus? at cur non potius teneroque columbo
Et similis regum pueris papare minutum
Poscis et iratus mammae lallare recusas?
«An tali studeam calamo?» Cui uerba? quid istas
20 Succinis ambages? tibi luditur. effluis amens,
Contempnere: sonat uitium percussa, maligne
Respondet uiridi non cocta fidelia limo.
Udum et molle lutum es, nunc nunc properandus et acri
Fingendus sine fine rota. sed rure paterno
25 Est tibi far modicum, purum et sine labe salinum.

---

15. huccine rerum i. e. Nunquid ad has res pernenimus. figurata locutio est. yronice Hic est sensus Usque pepercisti mammis matris tuae. sic delicatus hic morari cupis ut pute filius regis.
17. papare, pro comedere
18. lallare, augere.
19. cui uerba? s. das?

Quid metuas? cultrixque foci secura patella.
Hoc satis? an deceat pulmonem rumpere uentis?
Stemmate quod Tusco ramum millesime ducis
Censoremue tuum uel quod trabeate salutas
30 Ad populum phaleras! ego te intus et in cute noui.
Non pudet ad morem discincti uiuere Nattæ?
Sed stupet hic uitio et fibris increuit opimum
Pingue: caret culpa, nescit, quid perdat, et alte
Demersus summa rursum non bullit in unda. ·
35 Magne pater diuum, sæuos punire tyrannos
Haud alia ratione uelis, cum dira libido
Mouerit ingenium feruenti tincta ueneno.
Virtutem uideant intabescantque relicta.
Anne magis Siculi gemuerunt æra iuuenci
40 Et magis auratis pendens laquearibus ensis
Purpureas subter ceruices terruit, ,imus,
Imus præcipites', quam si sibi dicat, et intus
Palleat infelix, quod proxima nesciat uxor?
Sæpe oculos, memini, tangebam paruus oliuo,
45 Grandia si nollem morituri uerba Catonis
Discere, non sano multum laudanda magistro,
Quæ pater adductis sudans audiret amicis.
Jure etenim id summum, quid dexter senio ferret,
Scire erat in uoto, damnosa canicula quantum
50 Raderet, angustæ collo non fallier orcæ,
Neu quis callidior buxum torquere flagello.
  Haud tibi inexpertum curuos deprendere mores
Quæque docet sapiens bracatis illita Medis
Porticus, insomnis quibus et detonsa iuuentus
55 Inuigilat, siliquis et grandi pasta polenta;
Et tibi quæ Samios deduxit littera ramos
Surgentem dextro monstrauit limite callem.
Stertis adhuc? laxumque caput compage soluta
Oscitat hesternum, dissutis undique malis?

50. orcæ ollæ uel urnæ.
51. ne peritior esset turbones buxeos flagellare.
55. siliqnis leguminibus. polenta alphita ordeacea.
59. hiantibus maxellis.

⁶⁰ Est aliquid, quo tendis, et in quod dirigis arcum;
An passim sequeris coruos testaque lutoque
Securus quo pes ferat, atque ex tempore uiuis?
   Elleborum frustra, cum iam cutis aegra tumebit,
Poscentes uideas; uenienti occurrite morbo!
⁶⁵ Et quid opus Cratero magnos promittere montes?
   Discite, o miseri, et causas cognoscite rerum,
Quid sumus, aut quidnam uicturi gignimur, ordo
Quis datus, aut metae quam mollis flexus et unde,
Quis modus argento, quid fas optare, quid asper
⁷⁰ Utile nummus habet, patriae carisque propinquis
Quantum elargiri deceat, quem te Deus esse
Iussit, et humana qua parte locatus es in re.
Disce, neque inuideas, quod multa fidelia putet
In locuplete penu, defensis pinguibus Umbris,
⁷⁵ Et piper et pernae, Marsi monumenta clientis,
Menaque quod prima nondum defecerit orca.
   Hic aliquis de gente hircosa centurionum
Dicat: quod satis est, sapio mihi; non ego curo
Esse quod Arcesilas aerumnosique Solones
⁸⁰ Obstipo capite et figentes lumine terram,
Murmura cum secum et rabiosa silentia rodunt
Atque porrecto trutinantur uerba labello,
Aegroti ueteris meditantis somnia, gigni
De nihilo nihil, in nihilum nil posse reuerti,
⁸⁵ Hoc est, quod palles? cur quis non prandeat, hoc est?
His populus ridet, multumque torosa iuuentus
Ingeminat tremulos naso crispante cachinnos.
‚Inspice: nescio quid trepidat mihi pectus et aegris
Faucibus exuberat grauis halitus; inspice, sodes!‘
⁹⁰ Qui dicit medico, iussus requiescere, postquam
Tertia compositas uidit nox currere uenas,
De maiore domo modice sitiente lagena,

---
65. Cratero pro nomine medici — magnum pondus auri uel argenti.
75. pernae, latera porci putent.
76. menaque, genus salsamenti.
82. trutinantur, ponderantur.
86. torosa, superba.

Lenia loturo sibi Surrentina rogauit.
‚Heus, bone, tu palles?' «nihil est»; ‚uideas tamen istud,
⁹³ Quicquid id est. surgit tacite tibi lutea pellis.'
«At tu deterius palles. ne sis mihi tutor.
Iam pridem hunc sepelii. tu restas?» ‚perge, tacebo.'
Turgidus hic epulis atque albo uentre lauatur,
Gutture sulfureas lente exhalante mefites.
¹⁰⁰ Sed tremor inter uina subit calidumque trientem
Excutit e manibus, dentes crepuere retecti.
Uncta cadunt laxis tunc pulmentaria labris.
Hinc tuba, candelæ; tandemque beatulus alto
Compositus lecto crassisque lutatus amomis
¹⁰⁵ In portam rigidas calces extendit, at illum
Externi capite induto subiere Quirites.
Tange, miser, uenas et pone in pectore dextram.
‚Nil calet hic,' summosque pedes attende manusque.
‚Non frigent.,' uisa est si forte pecunia, siue
¹¹⁰ Candida uicini subrisit molle puella,
Cor tibi rite salit? positum est algente catino
Durum holus et populi cribro decussa farina:
Temptemus fauces. tenero latet ulcus in ore
Putre, quod haud deceat plebeia radere beta.
¹¹⁵ Alges, cum excussit membris timor albus aristas.
Nunc face supposita feruescit sanguis et ira
Scintillant oculi, dicisque facisque, quod ipse
Non sani esse hominis non sanus iuret Orestes.

100. trientem, mensuram capientem tertiam partem sextarii.
104. flos est amomum, sinamomum cortex.
106. hesterni. Externi, suprascr. i. manumissi. libertati. (capite) pilleato portauere romani.
109. non, c o d. nunc.
114. plebeia radere beta, rustica extergere illa herba.
115. aristas, pilas.

Commentum (Cornuti) in Persium.
Cod. Bern. 265. — Fol. 61ª· ss.

SATIRA II.

Hanc satiram scribit Plotino *(sec. m., scr.* Plotio) Macrino de bona (et) honesta re uel mente significatque eodem die eiusdem Macrini natalem esse, quem lætis diebus albo calculo more Cretensium iudicat adsignandum, quod Cretenses diffinientes uitam ex lætitia constare, dies lætos albo lapillo tristes nigro indicabant. *in marg. sec. m.:* Postea facto computo lapillorum uiderunt, quot dies lætos habuerint et eos se uixisse testabantur, dicentes : vixi annos tot, duraui tot.

3. **Funde merum.** dicit placandos esse deos non sumptuosis sacrificiis sed solo mero, ideo quod Macrinus nil iniustum petat ni hoc solum, quod possit etiam sine sacrificio mereri. Bona enim hominibus dii sponte concedunt. Irridet autem eos, qui putant affectum *(scr.* effectum) suæ malitiæ sumptuosis sacrificiis promereri.

Non, inquit, poscis **emaci prece**, quæ nisi secreto optari non possunt propter ipsius turpitudinem uoti, sed illa scilicet

---

ad plocium macrinum b 4.
diffinientes b 3 definientes b 2 b 4. nigro computabant: postea nero facto computo lapillorum alborum (uidebant b 4) quantos dies letos in auno uiderint eos se nixisse testificabantur. Vixit autem annos tot durauit tot. Est autem hic sensus et in horatio : Cressa ne careat pulcra dies nota (Carm. I 36, 10) b 2. quantos dies in anno letos vixerant et eis (eos b 4) se vixisse testificabantur. nam et in tumulo cuiusdam ita scribebatur : Vixit annos tot durauit tot b 3 b 4. efectum b 3. Alloquitur macrinum sane hominem cruditum et paterno se affectu diligentem qui in domo seruilii didicerat a quo agellum comparauerat inducto sibi pretio aliquanto b 3 aliquantulo b 4. itaque ab eis macrinus b 4.

2. labentes dicit natura lubricos ut ouidius : labitur occulte fallitque volubilis (uolatilis b 4) etas. b 3 b 4. et nihil est annis uelocius b 4. (Met. X 519 sq.) et oratius : heu heu fugaces postume (postume) labuntur anni b 4. (Carm. II 4, 1 sq.). Apponit autem dicit adiungit quia ad præteritos alii accedunt. b 3 b 4. Item oratius: et illi quot tibi dempserit appones. (Carm. II 5, 14) b 4. labentes non est a nomine epitheton sed ad calculos redige b 4.

3. Et notandum prece (numero b 4) singulari ut oratius Prece qua fatigant (fatigent b 4) Virgines sacræ minus audientem b 3 munus audientes b 4. (Carm. I 2, 26).

petis aperte, quæ bonæ fidei sunt. e maci prece dixit ab emendo, quod emat precibus uotum.

5. At bona pars procerum. Satirice carpit nobiles Romanos, qui ideo tacite orant, ne iniqua eorum petitio audiatur.

6. Difficulter potest inueniri, qui sine murmure et susurro uota faciat.

10. Ebullire dicitur expirare et est metaphora a bulla (*fuit* olla), quæ aliquo uenti tenore sustentatur; quæ (si) in aqua fit cadentibus guttis rumpitur et spiritum, quo continetur, amittit, ex quo etiam prouerbialiter dicitur : homo bulla est.

---

4. seductis i. e. a (et b 4) dono corruptis diis quia putant impia postulantes promissis (promixis b 4) uotis deorum redimere voluntates b 2 b 4.

5. nobiles personas licet ad amicum scribat et cum aliud nidebatur agere efficit tamen aliud. bona ait magna b 2 b 4. acerra autem patera in qua libat(ur) aut acerra i. e. archa (arca b 4) thuris b 3. virgilius : et plena supplex (Aen. V 145) b 4. tacite (tacita b 4) autem ait pro ipsis tacitis qui ideo palam non orant ne iniqua eorum petitio audiatur. iusta uero principum pars cum sacrificat nihil neque murmure (neque) clam a diis petit sciens deum nosse (noscere b 4) quibus indigeat b 3. tacita acerra i. e. sine hostia aut tacita prece acerra libabit.

6. Non cuiuis facile est nec potest hoc inueniri in homine ut faciat vota evidenter et dilucide assistens (adsciscens b 4) omnium noticiam (et b 4) testem. Difficulter potest inueniri qui sine murmure et susurro vota faciat. Pene enim equa nemo precatur. Alia expositio. non potest quiuis sine murmure optare ne (nec) facile cuiquam contingit clare a diis postulare quæ petit. (humiles susurros) pro eis qui humiliter fundunt humiles susurros b 3. ut vir.(gilius) per gentes humiles strauit pauor (Georg. I 131) i. e. qui est humilium animorum b 4.

8. hospes pro quolibet ignoto posuit et hoc dicit mentem bonam (famam fidem b 4) clare optant ita ut omnis præteriens audiat et subaudit. hoc dicit quia hæc nullum lucrum in se habeant sine aliqua dubitatione et ideo peregrinis auribus committunt, et (ut b 4) bene sentiant eorum mentes et ut estimationi (existimationi b 4) eorum placeant b 3.

9. s. acta (at ea b 4) de quibus erubescerent ne quis audiat murmure intra suam conscientiam celebrant et magis hec animo (hoc b 4) deprecantur. neque ultra murmur uota sua nepharia efferant (nefaria efferunt b 4) conscientia sua deterriti, hec intra se nequiore uoto agunt (agit b 4) ut patruus moriatur (uel b 4) ut pecunias inueniat aut pupillus cuius hereditati ipse proximus est intereat. b 3.

10. propterea ebullit exspirat nam cum ebulit aqua igne subiecto altius quidem uaporabilis (altius quidam uapor b 4) emittitur. Eleganter namque dixit ebullit b 2. O si ebuliat prouerbialiter ypallage non præclarum funus sed quia præclaram dat hereditatem b 3. Vel præclarum funus si patruus ebulliat. b 4. ebuliat. si quidem senum fata (facta b 4) tarde coquuntur hoc est terminantur heredum cupiditati (cupiditate b 4) præcipiti b 3. quæ in aqua fiunt et cadentibus guttis rumpuntur et spiritum quo continentur amittunt b 4.

11. Seria, quando est fixum, significat ollam, quando autem mobile et facit serius seria serium, significat honestum uel utile et dicimus serium aliquo pondere oneratum.

13. Expungam proprie est mittam foras et tractum est a militibus, qui expuncti dicuntur, dum foras a militia mittuntur. scabiosum ideo dicit, quia merito sperat eum cito moriturum, quod uidet eum plenum scabie et uehementi colore (*scr.* dolore; *Jahn* cholera) frequentius excitari.

14. Nerius quidam morte coniugum locuples factus est, sed mea nec aliquid mali patitur.

15. Haec sancte ut poscas. Quisquis es auarus, putas te caste petere, si lotus petieris, (*sec. m.* propterea quod nocte coitu sis inquinatus.)

17. De Ioue quid sentis? id est, qualem esse utasp Iouem, scilicet excordem et dementem, qui consentiat huiusmodi precibus.

---

11. Item optat ut dum (rusticus b 4) opus exerceat hercule propitio (prospero b 4) thesauros inueniat et idcirco herculem ponit quod aut ipse sit deus lucri aut quod diuitie non sine virtutibus acquirantur. aut quia hercules labore proprio omnia adeptus est bona. Seria dolium (uas b 4) fictile (delinio b 4) oblongum. b 3.

12. pupillumue utinam quem proximus heres inpello expungam. non utique tuus (cuius b 4) tutor sit sed pupillus (puerum b 4) adhuc inter (intra b 4) pupillares annos constitutum et nondum sue tutele cuius secundus heres constitutus est b 3. Substitutus est effecerant b 4.

13. Metaphora a bello (in) quo cadente primus qni est succenturiatur i. e. subrogatur alius cui mortuo secundus succedit. b 3. subrogatur secundus itidem in sopiendis (*scr.* stipendiis) pro meritis accipiunt heredem et primo mortuo secundus succedit. b 4. impello autem ait i. e. prosequor. b 4. nam est scabiosus merito sperat esse moriturum et deos precatur quod faciant (nullum *scr.* illum uideat b 4) plenum scabie et uehementi calore (colera b 4) frequentius (sæpius b 4) excitari. et acri bile melancolia b 3.

14. Nerio nomen fictum est. nerio (*scr.* nerius) quidam morte coniugum locupletatus fenerator factus est notissimus b 3. de hoc oratius ait: scribe decem nerio (Sat. II 3, 69) b 4. ille inquit nobilitatus coniuges tumulando mea uxor nec egrotare patitur. Dos enim a ciue (ciui b 4) romano data non ex patrio dictata nomine si repudium non interuenerit post mortem uxoris ad maritum pertinet b 3 (cf. Ulpian frgm. VI 4 sq.).

15. Tempore quo hec postulas tu quisquis — coieris et inquinatus es b 2.

17. Heus age. Ad auarum dicit poeta uotorum talium editorem: non (ne b 3 nec b 4) te pigeat uno uerbo mihi respondere Iouem illum quem postulas talia qualem esse putas? excordem et dementem illum estimas, qui assentiat huiusmodi precibus? b 2. minimum est quod scire laboro i. e. quod te consulo b 4.

19. Aelius Staius in Iuniano iudicio sedit, qui pecuniam a reo et accusatore accepit decepitque utrumque. qui si audierit tales inprecationes, clamabit aduersus Iouem, sed Iupiter non clamabit?

21. Hoc malum, de quo postulas Iouem, qui es commessor omnium innocentum et dic statio (*corr.* stagio) Stagius (*uerba sunt corrupta; scr.* hoc quod Staio inportunum uidetur, Ioui non uidetur?) *sec. m.:* sensus hic est: Ioui non uidetur inportunum quod Staio uidetur?

24. An putas a Ioue ueniam prosecutum petitionis tuæ, quia necdum te fulmine perculit et cum ocius arbores fulminentur, quam tu domusque tua?

---

19. Staius nomen fictum quomodo supra Nerio b 2 b 3. iudicio et consortio — et dicit: potest Iupiter uel hoc melior uideri an etiam et in hoc dubitas, quis possit melior iudex esse Iupiter an staius? b 2. alius staius in viueniano (inmano b 4) iudicio et consortio — erat ergo inter notissimos ciues b 3. potest ergo iupiter uel hoc melior uideri b 4 an (ad)huc (etiam in hoc b 4) dubitas vel staio preponere iouem. elige tibi quemuis pessimum cui dicas (ducas b 4) anteponendum iouem in animi bonitate. Staius autem pretor tutelarius (critellarius b 4) fuit. Gutta et albus et ceteri prepositi fuerunt iudices qui in viveniano (inmano b 4) iudicio corrupti oppanicum (oppianicum b 4) damnauerunt b 3.

21. dicit agedum Staio perdolescis (?) b 3. sensus est: si ille staius commesor pupillarum et innocentium non potest sine iracundia hoc se postulantem audire, sed statim dicet: o iupiter! b 2. et ipsum inuocauit iouem quem tu non credis perfidia moueri, clamitet tanquam de inportuno b 4. *cf. v.* 23.

23. At se Iupiter non clamet, non obtestetur maiestatem nominis sui? Ioui non uidebitur inportunum quod Staio? b 2. huiuscemodi non indignatur, non obtestatur maiestatem nominis sui dicendo o iupiter at Staius ipsum inuocabit iouem quem tu non credis perfidia tua moueri et clamabit tanquam de inportuno. nam et mali sentiunt quod turpe et nepharium sit et aspernantur ubi ipsorum nulla utilitas est. referuntur autem (hec b 4) ad nota quæ ad funus patrui et pupilli pertinent. Sensus autem est (facere b 4) Ioui non uideatur inportunum quod staio uidetur?

24. Ignouisse putas. An putas Iouem ueniam prosecutum petitionis (prosecuturum petitione b 3) tue quia te necdum fulmine perculit? Scis dilationem penam (*scr.* penæ) non esse dilatio(nem) periculi. illud quod imminet grauius est b 2. nescis dilationem esse in penam crede (quod b 4) dilatio periculi illud quod (im)minet grauius facit b 3. ut ait iuuenalis: cura grauiore timetur proxima tempestas uelut hoc d(ilata) s(ereno) (XIII 227 sq.). Aliter. Putas tibi iouem ueniam dedisse quod tonitru facto fulminantur arbores antequam tu et domus tua? b 2 b 3.

25. Sulphure autem pro fulmine. ex eo (enim b 4) quod sequitur intelligitur quod precedit quia fulmen precedit sulphur sequitur b 3. fulmen enim sulfur sequitur ut Vir(gilius): et circum late loca (sulfure) f(umant) (Aen. II 698) b 4. quia dum fulmen cecidit loca uicina odore sulphuris implentur. Vnde sacrum dixit b 3 b 4.

26. Putas tuorum deos scelerum oblitos, qui(a) non iaces fulminatus in lucis bidentalium. In usu fuit, ut augures uel aruspices adducti de Etruria certis temporibus fulmina transfigurata in lapides infra terram absconderent, cuius impetratione rei oues immolabantur. et hoc dicit: quia necdum te fulmine percussum sepeliuit caesis hostiis Ergenna, ideo derides Iouem?

Bidental dicitur locus secundo fulmine percussus, quem calcari nefas est. Bidental ideo dicitur fulmen, aut quod duos dentes habeat, aut quod in eo loco, ubiceciderit, bidentes mactentur.

30. Lactes sunt loca in lateribus sub umbilico pube tenus adeo delicata, ut plagam ferre non possint. Inde est, quod lactidiatum dicimus, qui male est calce percussus, uel certe lactibus intestinis pinguibus, uel ut alii dicunt, sunt membranae, quibus cohaerent inter se intestina. Auriculas deorum emere dicebatur qui facile exaudiebatur, (*sec. m.* a diis) et hoc dicit: forsan quaedam commentaria (*corr.* commercia) cum Ioue habuisti, quibus ille compellatur obedire tuis iniustis petitionibus.

31. Ecce aura. Sunt auiae et materterae quaedam, quae puerum a cunabulis solutum uotis suis diis caelestibus commendant postulantes eis diuitias formam uires eloquium. In hoc petendo ostendit uota hominum nimium esse importuna.

32. *In margine*: Frontemque tollit de lecto et incipit eius aliquid incalcare fronti puerili et labellis eius tenerrimis.

---

26. Ergenna aruspex peritissimus fuit et est etruscum nomeu. dicit: putas etc. b 2. nomen pro quolibet posuit nam etruscum nomen est. b 3. nam et rusticum fuit b 4. Ergenna aruspicis nomen fictum secundum morem etruscorum b 3.

27. Triste iaces, quod lecto nomine tuo alii tristes efficiantur, iaces, quia fulminati-supra terram positi mandantur sepulturae. Bidental ideo dicitur fulmen etc. et calcare nefas est. ideo dixit enitandum b 2. Cetera autem fulgura qualibet hostia procurantur. Sed omnia calcare nephas dicitur ideo enitandum dixit esse. Bidental (autem ideo b 4) dicitur locus sacro percussus fulmine qui bidente ab aruspicibus conseruatur (consecratur b 4) quem calcari nephas est. b 3. ergo bis idem (*scr.* eadem) de caelo tacta quae expiari non possunt nisi immolata aliqua hostia cetera fulgura teneantur. b 4.

29. aut dicas mihi qua confidentia tales superis offers preces? b 4.

30. an forte quaedam commercia b 4.

31. Dixit nunc quae mala et inania ab eis petantur. b 3. metuens diuum ut therentius: fugitans litium (Phorm. IV 3, 18) i. e. timens lites. transit iterum ad uanas superstitiones mulierum quae dum ad nutriendum infantes acceperint eos digito turpi i. e. medio (uel saliuis b 4) expiari fascino putant. et hoc obscenitatis indicium est. b 3. indicium facit b 4.

32. tollit eum de lecto et incipit ei aliquod incantare fronti puerili et labellis eius tenerrimis.

33. Infami digito ait medico (*Jahn* medio) uel inpudico. Lustralibus purgatoriis liberatoriis (*scr.* liberantibus) puerum ex omni malo et ex omni quod dicunt mulieres fascina.

34. Urentes oculos, quia fascina urunt tamquam consumunt.

35. Et spem modicam uel dubiam; nihil enim tam dubium quam (ex)spectatio summa de infante.

36. Licinius Crassus inter Romanos locupletissimus fuit; huius igitur diuitias optat puero. ordo est: spem uehementem uoto supplici nunc in campos Licini nunc in ædes Crassi mittit dicens : Da illi quantum Crassus habuit.

38. Ubicumque posuerit pedem, statim nascatur rosa et pullulet terra floribus.

---

33. infami digito aut medio quod obscenitatis est b 3 b 4. ut ait iuuenalis Quin fortunæ ipse minaci præberet laqueum mediumque offenderet unguem. (X 52 sq.) Sunt autem nomina digitorum hec pollex salutaris infamis medicinalis ultimus. lustralibus saliuis purgatoriis liberantibus puerum ex omni malo quod dicunt mulieres fascino uel quia frequenter infantibus saliue fluant. b 3.

34. Vrentes oculos merito quia fascino uruntur tanquam (antequam b 4) consumantur. urentes ergo i. e. fascinantes b 3 ut vir(gilius) Nescio quis teneros oculis mihi fascinet agnos (Eclog. III 103) b 4. inhibere perita i. e. prohibere ne fascinet b 3.

35. i. e. spectatione superbum b 3 i. e. precatione supplici. macram spem i. e. modicam quæ recte mediocribus optatur. uel certe macram dubiam b 4. nihil enim tam dubium quam (ex) spectatio summa de infante. b 3 b 4.

36. locupletissimus diues cognominatus est. huius diuitias optat puero. Alii uolunt Licinum tonsorem ac libertum augusti cesaris prædiuitem significari cuius monimentum est preciosi operis. Sepultus uia salaria prope urbem b 2 ad lapidem secundum b 4. De hoc (homine b 4) fertur non inuenustum Varronis epigramma : Marmores Licinus cumulo (tumulo iacet b 4) at Cato paruo Pompeius nullo credimus esse deos ? (sinodochios b 4) uero metri causa fecit sineresin (dieresin b 4) nominis Licini pro licinii et a cognomine nomen distinxit b 3 nomine cognomen desunxit (*scr.* diiunxit) ut Vir.(gilius) Non hæc tibi litora suasit Delius aut c(retæ) i(ussis) c(onfidere) a(pollo) (Aen. III 161 sq.). interdum epitheton a nomine ut (Aen. III 668 sq.) nec talia passus Vlixes oblitusue sui est itacus discrimine tanto b 4. ordo : spem macram (uehementem b 4) supplice (supplici b 4) voto modo in campos licinii modo crassi mittit in edes (nunc in ædes licini crassi dicens b 4.) da illi quantum crassus habuit. Sed hic (sic b 2) quoque admonet ignorare stultos quid sit petendum a diis ideo ait ego nutrici non mando vota b 3.

37. ametur iste ab imperatore et tollatur gener a rege et a regina quidam (quod est b 4) felicitatis immense ut optetur gener esse a regibus vel (et b 4) a puellis ob pulchritudinem suam rapiatur b 3.

38. Statim exinde — pupellet terra floribus pede calcata pueri b 3 b 4.

39. Verba Persii: ego scilicet sum contemptor diuitiarum; ueto nutricem meam aliqua uota meo optare puero.
40. Iuppiter, id est, Noli illi annuere, licet te rogarit abbata, (*scr.* albata). albata aut(em) festiua uel pura sine uitiis uidetur.
41. Poscis opem. Bonam ualitudinem optas, quæ te etiam in senectute non deserat, et in membris auxilium poscis, sed hoc tibi a diis præstari cottidianæ epulæ non permittunt. Fidele. Robustum ualidum, quod sustineat senectam, quæ morbis omnibus abundat.
42. Tucceta apud Gallos cisalpinos hibulana dicitur caro condimentis quibusdam crassis oblita ac macerata et ideo toto anno durat. Dicuntur autem tucceta condimenta gulæ deliciosæ, quibus bona hominum ualitudo corrumpitur.
44. Rem struere exoptas. Sunt alii, qui poscunt sibi patrimonium augeri non sine damno et petentes diuitias prius ipsi inpendunt sacrificia dis et bene ad inuidiam caeso boue dixit, quasi auctore rei familiaris; cultura enim boum ditescunt

---

39. *Ast ego* inquit contemptor diuiciarum nolo a diis talem (talia b 4) mihi imperare (impetrare b 4) nutricem. Arguit quoque inperitos qui nesciunt quid sit consequens optare. Se vero dicit non solum ineptis votis non teneri sed et omnibus modis se denegare (abnegare b 4) vota ioui adiungens precem ut cum rogatus fuerit non audiat tanquam pecuniarum contemptor et non dicit hæc aut huiusmodi vota sed omnino nulla. et uet(o) quicquam infanti meo optari. b 3 b 4. *non mando* uerbo usus est aruspico cum eis dicitur mando tibi ut maximum iouem audias ut quem ad modum precationis assertio fit ita fiat et in sacris et in prece b 4.
40. Negato iupiter i. e. si nutrix mea voluit a te talia flagitare o iupiter noli illi annuere licet te albata (*in marg. sec. m.* rogarit i. e. petat albata, (ablata b 4). i. e. aut festiua aut certe albata pura uel uitiis carens b 3.
41. poscis opem, ut fortis sit. corpusque f. s. ut sit robustus in senectute. b 3.
42. ad alios transit qui sua intemperantia contraria votis efficiunt (officiunt b 4). bonam valitudinem optas quæ (te b 4) etiam in senectute non deserat. Tuceta b 3 b 4. bubulla b 2 bubala b 3 bubula b 4. Solet etiam porcina eodem genere condita scruari aut ad saturarum iura b 3. hinc plocius virgilii amicus in eadem regione est nominatus tucca. b 4. iterum et (agit b 4) de hominum optationibus cum petant ut fortes sint corpore et eadem fortitudo usque perseuerat (perseueret b 4) in senectam. sed hoc a diis non potest concedi dum cotidie crapula ipsum corpus corrumpit. b 3 (corrumpitur b 2) unde dictum est senectus ipsa morbus est. b 4. Vel tuceta dicuntur loca in quibus (tunse b 4) carnes ponuntur.
43. Iouemque morantur. i. e. a beneficio retinent. b 3.
44. mercurio deo deorum ficri (ideo dixit sacrificium facere b 4) dixit quia deus est lucri quomodo superius (*vs. 10 sqq.*) dixit de hercule: et o si sub rastro crepet argenti mihi seria dextro hercule. Sed illum dixit absconditi lucri esse presulem (præsidem b 4) mercurium autem euidentis lucri b 3 (lucelli b 4) cui etc.

homines. Mercurio ideo sacrificare dixit, quia deus lucri est, sicut Hercules; sed illum dixit absconditi lucri esse præsidem, Mercurium euidentis lucelli. Dum optas, ut negotia tua impleantur, Mercurio sacrificas cæso boue dicens, ut locupletior qua satu meros gas ut augeatur tua substantia efficiaris (scr. ut locupletior efficiaris, satum erogas, ut augeatur etc.) et gregibus tuis plenius fœturam tribuat. Cui Mercurium inducit respondentem, qua ratione tibi contingat hoc, cum cottidie uitulas, quæ possent gregem amplificare, occidas.

47. Iunices dicuntur uaccæ ætate uiridiores, quæ iam fecerunt uitulas, necdum tamen ad summam (magnitudinem) (per)uenerunt. dictæ autem a iunibus, unde comparatiuus iunior et sunt iuniores (corr. minores) iuuenibus.

48. Bene autem uincere, quasi superstitione sua contendat Mercurium superare. Fertum. Fertum est genus panis uel libæ (Jahn libi).

45. Da fortunare penates. fortunatos facere b 3.
46. quo pessime pacto. hic quasi mercurius respondet quo possimus pacto augere tuam rem cum hoc quod habes consumas et disperdis (disperdas b 4) hostias faciendo b 3. Persius in talia poscentes inuehitur Quo pacto potest tibi augeri res tua, cum hoc quod habes cumsumis et disperdis hostias faciendo b 2. Vel certe persius in eum inuehitur b 3. indignetur uel inuehatur b 4.
47. Iunices dicuntur teneræ ætate boues, quæ iam cesserunt uitulas etc. iunicum autem ait iuuencarum. iunices autem dicuntur tenere etatis (tenera etate b 4) boues que iam cesserunt uitulis necdum tamen ad summam magnitudinem peruencrunt b 3. omenta autem sunt membranæ quæ exta continent. b 2 b 4.
48. opimo i. e. pingui uel pleno. fertum autem ait, pingue genus est panis uel libi quod diis infertur a potentificibus in sacrificio b 2. dictum autem fertum a ferendo b 3 b 4. Alii vas dicunt quod ornatum certis speciebus (sacris b 4) et inferuidis (refertum diis b 4) infertur et est sensus. cum hec sepe (pene b 4) clamantem deum audiat tamen inquit perseuerat in voto et effecturum se putat quod inprobe petit donec omni spe (re b 4) consumpta ad unicum redactus numum quem in exhausta archa et sine sensu (censu b 4) inuenit supersticionem suam gemens excrucietur (exercetur b 4). Verumtamen quamuis audiat talia non cessat deos sacrificiis fatigare et sperando diuitias futuras archam suam exhaurit quamdiu nullus (scr. ullus) numus in arce (fundo arcæ b 4) suspiret. b 3.
49. Iam crescit ager. intra se cogitationes eius refert b 3.
50. iam iam donec deceptus. tam diu cogitat quod illi crescaut sua bona sacrificando diis donec decepta expectatione et spe accessionis (actionis b 4) quæ erat dum pecunia usque ad ultimum (unum b 4) consumpta nummum in eo deficiat. posita in imo id est in fundo arcæ, frustra iam gemitu et suspirio (suspiriis b 3 b 4) prosequente parium suorum, uel certe ipse suspiret (suspirat b 3), quia nichil uidet in imo fundo nummorum. b 2. Num numus (num nummus b 4) tropicos (τροπικῶς) b 2 b 3 b 4. ut tacita libabit acerra pro ipse tacitus b 3 b 4.

52. Si tibi crateras argenti. Si tibi aurea uel argentea uasa dono feram, sudabis gaudio, id est, guttas excuties, quod cor tuum sit lætum.

55. (Euenit e tali dissolutione,) ut auro putes numina delectari, quod tu diligis, et hinc uultus eorum deaurandos existimes. Ouato, siue quod ouo perfundantur statuæ, ut bractea melius inhærescat, siue quod talis est bractea, qualis oui membrana, uel quod medium oui simile est auri. Fratres aenos dicit Pollucem et Castorem, qui fratres fuerunt et aliquando nocte Persen regem Macedoniæ nuntiauerunt uictum, in quorum templo somniorum interpretes haberi solent, quod (*Jahn* qui) puros a pituita uisus hominum exponunt. Pituita autem morbus est gallinarum, qui ex edacitate nascitur. unde euenit, ut grauati somno homines non bona somnia uideant.

---

52. Si tibi crateras. Ad alteram animi infirmitatem (transit b 4) et aggreditur eos qui inaniter vota soluunt credentes deos his delectari quibus (ipsi b 4) delectantur. b 2. incusa autem dicit producta pingui auro id est lamina incusa pingui producta unde incus dicitur a cuendo (cudendo b 4) incudendo b 3. incussa autem dicit celata i. e. producta pingui auro i. e. lamina b 3.

53. vota soltea (*v* v. 52 soluunt ... argenteas) et aurea uasa donavero *sudes* gaudio et *guttas excutias* quod cor tuum hinc sit letum. b 3. transit igitur (iterum b 4) ad aliorum hominum voluptates qui cupiditate tenentur qui si contingat ut subito diuitias inueniant statim eis inuentis potius fatigantur b 3. pectore ideo dicit leuo quia in parte sinistra (pectoris b 4) cor habemus b 3 ut iuuenalis culpa docentis s(cilicet) arguitur quod laeua in parte mamillæ nil salit archadio iuueni (III 158 sqq.) b 4. vel leuo certe contrario b 3 b 4.

54. Excuties (Excutias b 3) guttas aut sudoris aut lacrimarum nam et hoc potest (de sudore b 3) intelligi quia iam dixerat de sudore ut (est b 3) illud terentii (therentianum b 3 b 4) lacrimor (præ b 4) gaudio (Terent. Adelph. III 3, 65) b 2. letaris (lætari b 4) pretrepidum. i. e. propter sudorem pre gaudio innatum (natum b 4) toto corpore trepidabis (trepidabit b 4) vel quia ad letitiam festines et pectore leuo i. e. malo sudoris guttas excutias. b 3.

55. hinc illud subit i. e. euenit ex tali dissolutione animi subiit ut auro etc. ex hiis uultus deaurandos existimes b 3. ouato quia medium oui simile est auro hoc est in modum oui b 3 b 4.

56. Acron tradit quod in porticu quodam (quadam b 3 b 4) apollinis palatini fuerit (fuerint b 3) danaidum effigies et contra eos (eas b 4) sub diuo totidem equestres filiorum egistei (egisti b 3) ex his autem statuis quædam dicebantur postulantibus per sonum dare oracula. Alii autem fratres aenos pollicem et castorem qui (utique b 3) fratres fuerunt (et aliquando etc. b 3 b 4) qui responsa dabant in quorum etc. b 2. uictum in ciuitate — Xerxem b 4. qui — exponebant b 2 b 3 b 4. Aliter: cum romani pestilentia laborarent castor et pollux in somnis populum monuerunt sicuti remediis curarentur et licet eorum multe essent statuæ romæ tamen paratæ sunt illis similes quas postea romani deaurauerint b 4.

59. **Aurum uasa Numae.** Numa Pompilius, rex Romanorum, uasis fictilibus usus est etiam ad religionem deorum, ex quo Numa dictus est, eo quod numinibus deseruiret: nam primus religiones deorum inuenit.

Saturniaque inpulit aera. Saturno in terra Italia regnante aes in usu fuit, quod etiam postea in aede Saturni condebatur, unde aerarium dictum est; nondum enim fuerat argentum uel aurum.

60. **Vestales urnas** aut Vestae aut Vestalium uirginum; sunt autem uasa, quae seruiunt Vestae, fictilia. **Tuscum,** siue quod in Etruria creber usus uasorum fictilium fuerat, siue quod Tusci deorum simulacra fictilia fecere. Haec autem omnia luxuriante mundo mutata sunt.

61. **O curuae in terris animae.** (Dicit) exoleuisse [diuinum] spiritum diuinum in terris de hominibus natura eis inditum et intellegentiam summam animosque nostros originis diuinae inmemores factos et more pecudum humum spectantes. **Caelestium inanes** dicit, qui ignorant caelestia, ex quibus originem ducunt.

---

57. purgatissima i. e. certa quia pituita pleni nichil veri sompniant. Pituita autem est purgatio cerebri uel morbus etc. sensus ergo est Nam fratres inter aenos quorum sacras effigies ouato auro producis *precipui sunto* i. e. sint precipui honoris magis colendi honoratiores Est autem precipui aduerbium b 3 b 4. Precipui sunto id est sint et est sensus: Nam fratres inter aenos sacras facies (sacrifacies b 4) quas ouato auro perducis praecipui sunto i. e. sunt praecipui amoris uel honoris i. e. magis colendi (honoratione b 4) uel sit aduerbium praecipui pro praecipue b 2.

59. Aliter sensus tenus (? dum b 4) onato auro effigies huius (linit b 4) expulit antiquum ordinem ministerii quia nimia (quem numa b 4) instituit quibus aliis modis oporteat uenerari deos b 3. aes in usu fuit in sacrificiis b 2. nondum fuit enim argentum atque aurum et est sensus: misteria innocentium ac simplicium vasorum auaritia (et) ceca remouit ambitio. Vel quia saturnus ex eis (ereis b 4) vasis placabatur. b 3. Numa Pompilius secundus rex — inuenit apud romanos. Virginesque vestales uasis fictilibus in sacris etiam usae sunt Illud enim aes vna parte capite iani notatum erat altera naue qua saturuus fugiens ad ytaliam uectus est. bene autem in illo nummo geminum [constat] erat signum et hospitalitatis iani et aduentus saturni quod aes postea dictum est (et) in aede saturni condidebatur nondum argento auroque signato. Vnde aerarium nomen accepit. fuit autem assis libralis et dipondius duarum librarum quod hodie in usu remansit et solet pensari pocius quam numerari. Vnde et dispensatores dicti prorogatores b 4.

60. uirginum utrumque enim est b 4.

61. spectantes ut salustius ait: quae natura prona atque uentri obedientia fixit (*scr.* finxit. Cat. I 1.)

62. Quid iuuat. id est, Quid prodest, ut credamus deos ex humano corpore cupiditate aliqua uel ambitionibus delectari carnalibus et felicitatem deorum in auro positam credere?

64. Haec. incipit iam de uitiis corporalibus loqui et tangit delicias, quas sibi homines inuenerunt. Casiam ad carnem nostram referremus (reperimus b 3). Corpus enim nostrum omnium uitiorum causa est. Est autem casia odoris genus, quod oleum corrumpit.

65. Vitiato murice. Id est, cocto uel fracto conchilio, quo tinguitur purpura. uellus autem ob hoc dictum, quod primo lanae uellerentur non tonderentur.

67. Crudo de puluere. Bene crudum puluerem dicit, quia coquitur aurum, ut metallum flat, et bene stringere, quia coquendo redigitur in massam. Haec una, quae dis soluit casiam, et haec, quae coxit Calabrum uellus.

---

62. quid iuuat (prodest b 4) et (ut b 4) credamus deos cupiditate aliqua vel ambitione sicut homines tangi uel ut humana corpora (et ex humano corpore ut b 4) credamus deos luxuria (uel b 4) pompa aut ambitiosis delectari carnibus (carnalibus b 4) et felicitatem deorum in auro positam esse b 3. credere *add.* b 4.

63. pulpa est caro sine pinguedine dicta quod pulpitet resilit enim sepe et viscum vocant propter(ea) quod glutinosa sit. pulpa dicta quia pulte mixta olim uescebatur unde et pulmentarium et pulmentum dictum. quid delectat (credere b 4) cupiditate deos tangi et bona eorum malis nostris existimare. hec eadem pulpa i. e. hoc corpus nostrum omnium uitiorum (causa) est quod detractatiue (detractiue b 2 b 4) sceleratum appellauit b 3.

64. reperimus et aliter casia herba vel pigmenti genus quo oleum meliore odore inficitur quia oleum odoribus inficit (uitiatur b 4) b 3. hanc candem carmen (*scr.* carmem) multis delectamur aromatibus nestium magnitudinibus margaritarum dignitatibus et auri copia. casiam quam in terra orienti proxima homines toto corpore contecto paulum oculis relictis ad uisus in terris propter multitudinem auium infensarum quae sunt uespertilium similes et gladicibus colligunt et se colligentes aquarum superficiem in limini (*scr.* limi) modum. haec casia oliuo mista unguentum facit. — ut vir(gilius) et casia liquidi corrumpitur usus oliui (Georg. II 466) b 4.

65. lanae coloribus tinctae corporis usibus inquiruntur ad ambitionem. sensus est apulam lanam conchilio inficit. ideo in apulia quod ibi oues plurimum nascuntur. b 4.

66. pro radere margaritas de conchis marinis. uniones enim nascuntur in conchis pro quibus bachas posuit. Bacha ergo genus gemme quod in conchis nascitur. b 3 ut oratius: querunt unionibus honusta bachis (epod. VIII 13). b 4.

67. quia aurum et argento (argentum b 2) ex terreno puluere separatur et in fornace coctum [et] in massam confertur b 2 b 4.

68. Utitur tamen uitio id est crimine. nam crimen est ambitione petere et possumus eis concupiscentiis hominum ignoscere, quibus utuntur. utuntur hac tamen his operibus, quamuis peccent superuacua reperiendo.
69. Dicite pontifices. Hoc dicit: sacerdotes, reddite mihi rationem, quid opes in templis faciant? cur diis et non usuris consecrantur? quibus tam superuacuæ sunt, quam Veneri puppæ, quas nubentes uirgines donant.
72. Messalae lippa propago. Hic autem Cotta Messalinus tam uitiosos oculos habuit in senectute, ut palpebræ eius in exteriorem (dexteriorem b 4) partem uerterentur. fuit enim multis locupletatus diuitiis. hic ab Aurelio Cotta adoptatus (Marcus b 4) Aurelius Maximus uocabatur trahens originem ab Aurelio Messala, qui septies consul fuit, qui cum a quodam Gallo ad monomachiam in prœlio uocaretur, coruus super galeam eius sedit et uicto hoste Coruinus appellatus est. per Messalam autem significat eos, qui non pura conscientia sacrificant diis.

---

68. hoc (hec b 4) faciendo ab integritate sui mores humani vacillant in quo tamen crimine possumus hominibus ignoscere eis qui concupiscentiis non (quibus b 4) utuntur. nam crimen est ambitione (ambitionem b 4) petere [non b 3] utitur tamen ea quamuis peccet superuacua reperiendo (cum b 4) habet tamen aliquem uisum (usum b 4) appetitorum. (amplius peccat b 3).

69. et non sacrificiis — quibus diis tam sunt opes quam Veneri popæ b 3. Solebant (enim b 4) uirgines antequam nuberent quædam uirginitatis sue dona ueneri consecrare b 2. hoc et uarro scribit. si homines inquit auri cupiditate corrupti uicia incurrunt ut (*scr.* at) quid aurum superis quibus solent hec uicia displicere? b 4.

70. *nempe hoc* michi facit aurum quod popæ in templo Veneris et cum hoc faciunt homiues nature vitio corrumpuntur. uerum vos pontifices dicite in templis aurum quid facit? b 3.

71. Feramus inquit ad templum (dona b 4) bonam conscientiam et sic fiet ut tantum mola salsa litantes exaudiant dii quod potest et pauper quod genus sacrificii non locupletibus (tantum sed b 3 b 4) maxime pauperibus facile est b 2.

72. fuit multis deditus uitiis b 2 b 3. in caput eius super galeam b 2 b 3. Per messalæ autem propaginem eos uult accipi (ostendere b 3) qui non pura conscientia diis sacrificabant. b 2 (sacrificant b 3 b 4).

73. *compositum ius* (fasque animi b 4) honestam cogitationem (secretam b 4) et ius compositum (et compositam b 4) in animo et secretas cogitaciones et sanctas et sancti tenacitate(m) ut erui non possit (possint b 4). animi virtutes connumerat quas cum (si b 4) quis frequentat nullis uictimis (nullus b 4) sed farre tantummodo deos placat et discretas cogitationes honestatemque sanctam significat b 3 b 4. nam qui quærit inquit iustus et innocens et fidelis esse per hæc honestus habetur etiam (*scr.* et iam) thure placabit deos b 4.

74. in marg. Incoctum ualde coctum ac maturitate animi et honestatis pleno; generosi dicuntur, qui propitio nascuntur genio, ideo honesti et beniuoli.

* * *

INCIPIT III. SATIRA.

In hac satira in desidiam et intemperantiam hominum inuehitur et (dicit eos) ita hesterno uino onerari, ut edormire ante horam quintam non possint, quam desidiam nunquam dicit euitari. et quæritur subinde causas necti, quominus studia celebrentur. Ad hoc ergo satiræ principium pertinet, quod philosophi dicunt: necesse est uitiis sapientem incidere. Sed hoc inter sapientem stultumque interest, quod se uitiis sapiens celerius euoluit, ibidem merso atque inuoluto stulto. Ergo, ne is, quem Persius in hac satira ob desidiam culpat, ad excusationem sui criminis dicat sapientem quoque aliquotiens uitio detineri, hoc primum ei poeta opposuit, quod is non aliquando, sed assidue uitiis se tradiderit. Hanc satiram poeta ex Lucilii libro quarto transtulit castigans (*ed. pr. l.* castigantis) luxuriam hominum maxime diuitum et cum inducit pædagogum obiurgantem scolasticum, increpat humanam uitam, et dum explorat (*Jahn* exprobrat uni), omnium notat segnitiem et inducit unum ex comitibus alium castigantem.

1. Mane, quando aduerbium est, tempus significat et uerbo cohæret, quando uero nomen, epitheton sumit, ut *mane nouum*.

---

75. *ce* in hoc loco adiectio sillabica nam in cedo verbo producitur. hic quoque sensus ab oratio sumptus est qui ait: immunis aram si tetigit manus | non sumptuosa is (iis b 4) blandior hostia | molliuit aduersos penates | farre pia et saliente mica (Carm. III 23, 17 sqq.) b 3. Flacci persii satirarum liber II explicit Incipit III de luxuria et vitiis diuitum feliciter b 3.

Nempe hec (hoc b 4) assidue, id est, numquid non assidue hec (hoc b 4) facis. nempe enim est numquid non b 3 qui ita hesterno vino onerati b 3 illud primum ipse poeta exposuit b 2 b 4. castigans (b 2 b 4) luxuriam (hominum maximeque b 4) et uicia diuitum et cum inducit pedagogum obiurgantem scolasticum increpat omnium segniciem b 2. quam desidiam nunquam deuitare dicit et queritur. subinde causas nectit b 3. inciso atque innoluto stulto b 4. ergo ne b 3 b 4. semet tradiderit b 3 b 4. castigante b 3. et cum inducit scolasticum increpat humanam vitam et dum uni exprobat (eum exprobrant b 4) omnium notat segnitiem b 3. mane nomen est temporis non tempus b 3. *in marg. sec. m.* nam mane quando ipsum tempus significat aduerbium est et verbo coheret ut mane venit b 3 mane fecit b 4 quando autem nomen est tum epitheton est (epitheticum sumit b 4) ut est clarum mane vel mane nouum b 3.

— 41 —

5. Unum comitum inducit castigantem desidiam dormientis et dicentem; tam diu dormis, donec meridies est? C a n i c u l a est ardentissimum sidus, quam ideo ait insanam, quod sub ortu eius multi ægrotent.
8. *In margine:* uitrea id est uiridis, quod iratus intelligitur ex uultu. ira enim uirides et pallidos facit homines. ac uelut cito (*sec. m.* uitrea quæ cito) apparet [ac uelut] quicquid in uitreo uase apposueris, sic, qui cholera patitur, (cito apparet).
9. Rumpor ita clamoribus, ut credas asinos clamare. A r c a d i a e   p e c u a r i a asinos dicit, qui primum in Arcadia nati sunt. r u d i t u s (*fuit* ruditur, *sec. m.* rudere) proprie asinorum est.

2. Fenestras intrat et angustas ostendit lumine rimas. figurate dixit non enim appellatorie mane ut uesperum b 4. mane scilicorum (scilicet uel b 4) per rimas fenestrarum se tota lux infundit ut ea[m] capi non potest b 3. ut capi non possit b 4. fenestras intrat significat quod lux prima fenestras vel per fenestras lux in lectum intrat b 4.
3. indomitum falernum i. e. uinum multæ uirtutis ut uir(gilius) ait: et dux bachi domitura saporem (*scr.* soporem; Georg. IV 162) et lucanus: indomitum merce cogens spumare falernum (X 163) b 4. stertimus indomitum. sensus autem iste est b 3 b 4 tam (iam b 4) diu hesterno sapore (sopore b 3 b 4) deprimimur ut possint hi (hii b 3 uti b 4) qui nimia ebrietate grauati sunt tam longo falerni somno discutere b 2 longe (longo b 4) sompno crapulam falerni vini discutere b 3 b 4. uel utrum tantum dormimus quanto tepore (ut in tanto tempore b 3) qui falernum bibunt possunt (concoquere possint id est b 3) digerere b 2 unde et crudi dicuntur indigesti b 3 b 4 aut (an b 4) quanto ipsi coquamus falernum aut (an b 4) quod sufficiat falerno tempus in nobis despumare b 2 (id est deferuescere b 3 b 4). falerna est regio campaniæ ubi nascitur uinum magnæ uirtutis (vina optima nascuntur b 3 b 4) unde falernum uinum dicitur b 2. unde dicitur mons falernus b 4.
4. tangitur umbra. Dum umbra illius medii stili qui in horologio est quintam lineam tetigerit (attigerit b 3) ac (per hoc b 4) si diceret usque ad quintam horam b 2.
5. unum ex comitibus inducit castigantem b 4 tam diu dormientis desidiam et dicentem quid tam diu dormis cum iam estus meridianus ceperit b 3 cæperit b 4.
6. id est, iam meridiane hore sunt in quibus (iam est meridies in quo b 4) sole feruentissimo (frequentissimo b 4) tacte segetes maturescunt et pecora nemoris umbras requirunt b 3 inquirunt ut vir.(gilius) nunc etiam pecudes umbras et frigora captant (Eclog. II 8) b 4. ordo est: en quid (si quid b 4) agis? unus ait comitum b 3 dormienti b 4.
7. personam ponit (inducit b 4) interrogantis: an vero (nere b 4) meridiane hore sunt (sint b 4). Ocius huc aliquis assit. Surgentis de sompno verba sunt vel vocantis famulos quia (et quod b 4) tarde respondeat irascentis et clamantis pueros et irascentis (eo b 4) quod clamanti tardius respondeant b 3.
8. ac nelud aliquid in uitreo uase ponas ita qui colen ($\chi o \lambda \dot{\eta} \nu$) patitur cito paret b 2 uitrea biles i. e. uitrea ira; uiridis perspicua quia iratus intelligitur ex uultu etc. b 2 uitrea que cito apparet b 4.
9. *Findor* rumpor ut estimes (extimes b 4) archadios asinos rudere qui campum nacti insane (sane b 4) exultant b 2 b 3.

10. Bicolor. Ideo bicolor, quod pars conglutinata aut quæ quondam capillos (habuit) et bicolor facta est, ut posuit capillos. Ea, quæ causantur ii, qui pigre student, enumerat. *in margine sec. m.:* et hoc dicit: incassum excusas, quod uacatio cuiusque officii (te) desidiæ tam longæ tradiderit, cum habeas, quod agas.

13. Sepia. Quia sepia piscis ita nigrum habet sanguinem, ut atramentum inde conficiatur.

14. Fistulam pro cannali calamo exquisite dixit et tunc reprehendisse se significat, quod quærendo hoc et illud tempus per(d)it nec ipse profuit (*sec. m.* proficit).

15. Numquid ad has res peruenimus? Figurata locutio est ironicæ (ironice). hic est sensus: usque dum pepercisti mammis et cibis matris tuæ, sic delicatus hic morari cupis, utpote filius regis.

---

10. et bicolor. Bicolor i. e. una parte crocata capillis demptis. ea quæ causantur qui pigre student enumerat et hoc dicit incassum excusas b 2 quod uacatio eius officii et (*scr.* te) desidiæ tam longe tradiderit — nisi tibi inuentis uanis occasionibus uanas necessitates procures. dum uel (nichil b 3) crassum uel uimis remissum causaris atramentum aut non bonam calami dispositionem accuses tuo querens ocio consulere b 2 b 4. cuius ambigua est bicoloris membrane (ratio) ideo ait [cuius] bicolor membrana quia quondam capillos habuit aut quæ bicolor facta est ut posuit capillos et hoc dicir quod hec et vigilans sibi occupationes per desidiam generat dum aut de calamo intemperato queritur an (aut b 4) de pingui aut aquoso atramento b 3 aut merito bicolor quod pars crocea pars glutinata apud antiquos erat. membrana quondam habuit capillos b 4 et notando (notandum b 4) feminino genere membrana. b 3.

13. Sepia pro atramento a colere (et colore b 4) posuit quamuis non ex ea ut affri (afri b 4) sed ex figulinis (fuligine b 3 b 4) ceteri conficiant atramentum. nigra sepia uanescit ex infusa lympha b 2.

14. Dilutas querimur. i. e. dissolutas nimia aqua fistula geminet b 3. cum (*scr.* eum) reprehendens significat quod querendo hoc et illud tempus perdat nec proficit b 4.

15. nolo dormire. sic et nutrices infantes delicatos esse instituunt unde palumbes (palumbo, *scr.* palumbos b 4) melius pueros intelligere quos quæ nutriunt blandientes etc. hic est sensus: usque dum mammis et titis matris tuæ sic delicatus sic morari cupis ut puta b 2.

pedagogus i. e. magister. pedagr puer latine gogo i. e. duco inde pedagogus puerorum ductor. o miser inque dies. o magis ac magis desidia perditus (periture desidia qui tam inepte piger es b 3 pigres b 4) quid ad tantam dissolutionem a nobilibus pueris lapsus es (qui, et b 4, ad hanc dissolutionem captus es b 3) ut mutilas uoces imiteris et papare etc. b 2. lallare recusas lallare; aut cur non commanducatos cibos poscis aut cur non nutricis iussu dormire plorando recusas quæ infantibus dicunt ut dormiant lalla lalla (lalla b 4) aut dormi aut lacta quia quasi irati infantes nolunt b 2. et hoc dicit: solent eius (enim b 4) uicia processu temporis minui cum in te (e b 4) contra accessu (e recessu b 4) temporis augeantur qui stultam imitaris mollicem delicatorum uel nobilium puerorum quos ipsa magnarum diuiciarum luxuria frangit qui uoces inutiles (multas b 4) imitaris etc. b 3. deducto b 3 diducto b 4. lacte b 3.

Responsio pædagogi : o m i s e r. pædagogus græce, latine puerorum doctor. solent enim uitia processu temporum minui, cum in te (c) contra augeantur, qui stultam imitatus mollitiem delicatorum uel nobilium puerorum, quos ipsa diuitiarum frangit luxuria, uoces utiles (*scr.* mutilas) imitaris. et p a p a r e pro comedere uel l a l l a r e pro noli dormire. r e c u s e s. nam qui paruulas aues nutriunt commanducatos cibos diducto earum rostro inserunt.

16. P a l u m b e s (Palumbos) pueros intellege, quos, cum nutriunt, blandientes columbos et passeres et pullos uocant; nam nutrices iubentes pueris dormire (*scr.* dormire pueris) plorantibus sæpe solent dicere : lalla lalla, id est. aut dormi aut lacta, quod quasi infantes irati nolunt.

19. Quid mihi istas excusationes succantas, id est murmuras, cum tibi fatuo tempus præterit?

21. C o n t e m p n e r e, a uitiis scilicet, relicta uirtute, quia uirtus sapientiæ non est in te. Sicut uas non bene coctum rauce sonat, sic et insipiens temptatus ostendit, qualiter futurus sit, id est miser.

---

19. Aut tali studeam calamo. eius obiurgati verba sunt scolastici. Cui verba ? quid istas succinis ambages ? Tu inquit calamum causaris. hic poeta dixit : tanquam fatuus (fatuis b 4 : qualiter fatuus sic b 2) ista loqueris quid aliam rem ex alia causaris ? tibi perit tempus in quo nichil agis. quid mihi has excusationes succantas.

20. succinis, ut concinis, ita succinis, i. e. submurmuras b 3. b 4. Tibi luditur, i. e. te illudis. effluis amens. i. e. desidia deciperis (deceperis b 4) tempore sine actibus trito. Alludit nunc (autem b 4) a uase uiciato quod nihil in se continet quemadmodum hic effusus per uitia nichil sapientiæ in se continet ut terentius (in eunuco b 4) : plenus rimarum (sum b 4) Hac atque illac perfluo (effluo b 4) b 2. (a b 4) tempore quo tibi necessarium fuerat (te b 4) aliquid facere desidia laberis et deciperis b 3.

21. quia virtus in te id est rigiditas mentis et sapientiæ quæ vitia expellatur (expellat b 4) non est. sensus : ad inuidiam virtute relicta placare paras qua relicta contempnere b 3 sensus est : an uirtute(m) paras qua relicta contempnere. Item contempnere. hec ab horatio male translata intempestiua sunt. horatius : quin tu inuidiam placare paras uirtute relicta (Sat. II 3, 13). hic prompta (?) efficaciter. neque (enim b 4) officia extorquenda sunt (sint b 4) sed voluntario petenda sunt. Sonat *uitium* ambiguum est cum non sit vitium sonare et cum non sit proprium fidelie respondere utrum (*corr.* utrumque) sonat vitium aut percussa maligne respondet. Ceterum et sonat vitium acriter (actiue b 4) dicimus ut nec vox hominem sonat nec presentat et maligne pro acriter dici potest b 3 et maligne res pro acriter dici possunt b 4. hoc dicit ergo : quomodo vas non bene coctum non acutum sonum reddit vel tinnitum et prodit vitium suum ita (et homo b 4) non bene sapiens (sapientia b 4) politus vitium suum temptatus (temptante b 4) ostendit et apparet qualis futurus est i. e. miser b 3.

23. Acri Veloci et polita doctrina, sicut rota semper girans non cessat. Etiamsi minus proficias, dicis te non curare, ideo, quia habes farris modicum et salinum et patellam, quibus rebus in sacrificiis utimur.

28. Stemmata dicuntur rotundae imagines. tusco autem dixit eo, quod nobiliter sit natus in Etruria, uel quod Tusci fuerunt nobiles.

---

22. allegoricos viridi limo. quod sono (non b 4) tam cruda quam cocta vasa explorantur. (allegoricos b 4) viridi limo i. e. cruda (creta b 4) non cocta vel adhuc limum habens i. e. argillam. sed dubium utrum similitudine usus est an allegoria b 3 4.

23. nam et udum et molle translatio est et re[d]dit ad allegoriam cum ait rota esse affingendam (rotam et fingendum esse b 4) pro erudiendum. *nunc nunc* translatio est a figulis. Udum lutum es, i. e. non bene factus nec doctus (fictus et decoctus b 4) sapientia ita quod (ideo quod b 4) acri rota i. e. veloci politaque doctrina debes omnia quae vitiorum vite (in te b 4) labes mollierat corrigere. Item udum et molle lutum figurate adhuc crudus es et assidua exercitatione formandus es ut fictilia (fictina b 4) circumactu rote formantur b 3. sicut rota semper girans non cessat donec uas peragat urita tu semper animum sub disciplinali submittere studio in fontem sciencie debueras b 2.

24. Sine fine. sine interuallo incessanter b 3. sed rure paterno Hic antipophora usus est. sed inquies (b 3 b 4) vel respondebis mihi esse rem tibi familiarem mediate fragilitate (*corr.* frugalitate) fare contentam et tibi posse sufficere etiam si minus proficias b 3.) metonomicos ($\mu\epsilon\tau o\nu\upsilon\mu\iota\varkappa\tilde{\omega}\varsigma$) vota et spes non improbas se concipere dicit. Unde securior sit et minus timeat in penetralibus (in rebus, impetrabilibus b 4) et quæ tollerare (releuare b 4) hominem frugi possint b 3. Hoc in loco ponit remotinam antipophoram ($\dot\alpha\nu\vartheta\upsilon\pi o\varphi o\varrho\dot\alpha\nu$) anti id est contra popheros ($\dot\upsilon\pi o\varphi o\varrho\dot\alpha$) id est obpositio id est ponit obpositionem respondens hoc quod ipse posset dicere b 2 *in marg.*

25. Sine labe dicit sine macula. salinum vas fictile in quo sal ponitur b 3 b 4.

26. Cultrixque foci. quia delibancie (*scr.* delibandæ; deliberatæ b 4) dapes in ea posita ad focum feruntur. ideo cultrix foci dicitur b 3. inde cultrix foci quasi integram domum ut: hortor amare focos (Virg. Aen. III 134). Item cultrixque foci secura patella qua in rebus diuinis utuntur et non patella secura sed ille quasi securus et sine dubio hoc satis potest et intelligi tanquam modo antipophora et ille adhuc respondeat b 4. secura patella i. e. securos faciens b 3.

27. an deceat. i. e. inflatum esse.

28. Poetica et familiaris figura est: An te oportet arrogantia inflatum dissilire quod in aliquo nobili tusco stemmate millesimus a magno auctore numereris et ramum aliquem ac lineam (quasi b 4) successionis a genealogo (a genea longis b 4) in stemate numeratus obtineas b 3. uel quod in equitatu romanorum recogitatione (recognitione trabeatum b 3 b 4) donis militaribus et signis (insignis b 3 et donis militaribus insignem b 4) censorem tuum salutas. Cognitio enim eqnitum romanorum censoribus (erat subiecta b 4) quæ nunc consulum est officii b 2. Trabea erat toge species ex purpura et cocco qua operti nobiles romanorum initio precedebant. Trabea autem dicta quod in maiori gloria hominem transbearet hoc (est) ultra et in posterum ampliori dignitate honoris beatum faceret. Stemmata sunt ramusculi quos (etiam b 3 b 4) aduocati faciunt an (in b 3 b 4) iure cum causam partiuntur. utputa, ille filius illius et ille pater illius. proprie autem stemmata rotunde imagines, quoniam stepse ($\sigma\tau\acute\epsilon\psi\alpha\iota$, grece b 3) dicitur coronare b 2. corone b 3. antiquos. hoc et horatius de mecenate dicit: tirena regum progenies tibi (Carm. III 29, 1).

29. Censoremue. Cognitio enim equitum Romanorum censoribus erat subiecta.

30. ad populum phaleras. ornamenta, quæ beneficio fortunæ habes, quæ te ornant, extrinsecus aliis ostende, quia ego te noui, quod in animo uitiosus sis.

31. Discinctum dicit neglegentem, perditum, uel discinctum obesum et uentrosum (*Jahn* uentricosum) luxuria, quia cingi non potest. Alii dicunt Nattam fuisse quendam luxuriosum, qui patrimonium suum perdiderit et nobilitatem male utendo exturpauerit (*fuit* exurpauerit; *sec. m.* extirpauerit).

32. Incaluit (*Jahn* incalluit) et tam crassi cordis est, ut peccare se non sentiat et semel [e]mersus [est] nesciat emergere, quod a malis suis ad bona uerti non possit. *Pinguedo* enim non est latinum; nam pingue cor facit homines hebetes, quod probamus ex onagro. Nam onager ceteris animantibus ·pinguius cor habet et ideo stultior omnibus esse uidetur.

33. caret culpa. dicit se culpam non habere.

34. Sicut ii, quos uorago cenosa obsorbet, non remissos in alta undarum facie ebullit, ita hos quoque, quos magnitudo criminum mersit, necesse est uitiorum mole grauatos nescire, quomodo uirtutem agnoscant, uel qua arte sceleribus careant.

35. magne pater. Hic precatur Iouem, ut tyrannos hostes publicos hac poena deiciat, cum uindicat, et faciat eos

---

30. extrinsecus habes aliis ostende. ego enim noui te quod uitiosus sis animo et conscientia — extirpauerit b 2.

31. discinctum dicit negligentem et perditum intra obesum ut horatius: discinctus aut quidam nepos (Epod. I 34) b 4. perditum nam ob pinguedinem incaluisse hunc (nunc b 4) nattam induxit quod potest ab oratio videri translatum qui ait ungor oliuo quo non (non quo b 4) fraudatis immundus natta lucernis (Sat. I 6, 123 sq.). apud utrumque tamen natte nomen fictum est. Alii putant (fuisse b 4) quendam luxuriosum qui patrimonium suum perdidit (perdiderat b 4) et nobilitatem male utendo extirpanit b 3 extirpauerat b 4.

32. mersus nesciat euadere b 3.

34. hoc dicit: [quod] sicut hiis quos vorago cenesa absorbet (cenosa obsorbet b 4) nec rursus ad alta(m) undarum faucem (remissos in alta undarum facie bullit b 4) ebuliunt ita hos quoque quos magnitudo criminum mersit necesse est uitiorum molle (mole b 4) grauatos nescire quomodo uirtute(m) agnoscant (cognoscant b 4) vel qua arte sceleribus careant b 3.

35. ut ostendat quid ei mali paciantur qui cum cognoscant et videant bonam vitam (malam b 4) tamen sequantur b 3 hic precatur ut tyrannos hostes publicos hac pena dema (deiciat b 4) — ut faciat eos uidere bonam (uitam b 4) et glorie probitatem nec tamen sequantur possessi actibus pranis b 4.

uidere bonam uitam et gloriæ probitatem nec tamen sequantur, possessi actibus prauis. Ergo

36. haud alia ratione, id est, non dissimili pœnarum condicione, quam ut uirtutem agnoscant et cognitam deserant.

39. Anne magis Siculi. Hoc dicit: an grauiora tormenta passi sunt ii, quos Phalaris rex Agrigentinorum tauro aeneo torquebat inclusos, an grauior sollicitudo Democraten philosophum torsit sub gladio pendenti (*sec. m.* Dionysii tyranni), quam torquentur, qui huiuscemodi cogitationibus deprimuntur? Quantum infelicitatis suæ dolore et neglegentiæ poenitentia torqueatur.

44. Saepe oculos memini. Sensus est: tu autem, quem ob desidiam et inertiam culpo, non potes tua crimina pueritiæ uenia fugere. omni quidem sapientiæ propter ætatis ignorantiam pueriles ludos præponimus, tu uero iam potes et uitia morum corripere et sapientiam cognoscere et uitæ uiam meliorem indagare. enumerat quæ puer fecit, ne in scolam iret. Merito, inquit, mihi lippitudinem accersebam, ne Catoni(s) deliberatiua(m) recitarem, utrum moriatur annon aut quibus uerbis uti potuit,

---

36. ergo hanc (*corr.* haut) ratione alia quam ut virtutem videant et cognitam deserant. Cum dira libido i. e. cum malignitas eorum et cupiditas praua subrepserit (surrexerit b 4) uel prona voluptas (uoluntas b 4) circa quamlibet rem b 3.

37. feruenti. nunc animi venenum dicit, ideo feruenti.

39. torsit quem dionisius opes et felicitatem mirantem inuitauit ad cenam appositoque apparatu omni magnis epulis frui iussit sed ita ut gladius ligatus seta ex laquearibus super caput eius nel supra ceruices eius penderet. quam torquentur (torquerentur b 4) huiuscemodi etc. b 2. cogitationibus suis cum se decipi intelligunt nec tamen corriguntur et apud se ita murmurant ut nec uxoribus credant (prodant b 3) ut secreta ea (secretum eius b 3.) nesciat quæ scire debuerat b 2. quæ proxima nesciat uxor, hanc aduocationem tanquam ex coniugibus quæ est proxima i. e. corpore adiuncta b 4. Imus præcipites imus quomodo sibi soli dicit uitia sua et ne culpetur ea pandere ita et ab uxore (ut uxori b 3) hoc secretum abscondit (abscondat b 3) et tamen (*Jahn* tantum) tormentum animi (inani b 4) silentio sustinet b 2. Item quam si sibi dicat non furore compulsus sed interna conscientia futurum (*Jahn* furtim) obmurmurent b 4.

44. refugere | etiam potes | enumerat b 2. *supra vocabulum* deliberatiuam (orationem b 3 b 4) in b 2 *scripta extant verba quædam, quæ ad* Catonis censorii *deducere videntur.* moreretur b 3. iret b 2. poetico more finxit hunc sensum merito mihi etc. accersiebam — aleis — nosse b 2. nimio silentio sustinebat b 3 b 4. quasi devexus (diuisus b 4) a superioribus est. sed eo respondit a pueritia nos aversum (aduersum b 4) ab eruditione (non b 3) habere animum b 3 b 4.

cum se destinaret interficere. Oculi autem oleo tacti perturbantur ad tempus et tamen tormentum animi silentio sustinent, ut turbatis oculis ad scolam non iret. quasi deuexus sensus id est superpendens (suppendens *cod. Monac. 2;* cf. *Liebl p. 39.*) a superioribus est. sed ideo respondet a pueritia nos a[d]uersum (ab eruditione habere animum). Merito mihi accersibam lippitudinem; id est: mihi erat potissimum talis ludere et uim cuiuscunque casus noscere et in collum orcæ nuces iactare et turbines flagellare. et hic dicit, quibus modis puerilia euitabat studia.

46. N o n s a n o m u l t u m l a u d a n d a m a g i s t r o id est nimis sano, ut est illud Virgilii: insanam uatem aspicies (Aen. III 443), pro ualde sanam aut certe insano, qui discipulorum suorum carmiua laudabat, cum aliorum debuerant iudicio comprobari.

48. I u r e e t e n i m id s u m m u m, q u i d d e x t e r s e n i o f e r r e t. hoc mihi, inquit, erat potissimum talis ludere, id est tesseris, et uim cuiusque casus nosse. d e x t r u m s e n i o n e m dicit id est propitium, quia in iactu talorum temper boni (aliquid) affert aut s e n i o maior missus, ut Sena. (*Jahn* scæua)i mmerito, inquit, flebam ista cum sæpe laudarem (*scr.* luderem).

49. D a m p n o s a c a n i c u l a q u a n t u m r a d e r e t. Caniculam pro cane, qui in calculatorum (*scr.* calculis) ex omni iactu talorum quinque detrahit, excepta Venere, in qua sola prodest. Canicula genus aleæ, (in) quo[d] de numero quinque subtrahantur (*Jahn* subtrahat).

50. A n g u s t a e c o l l o n o n f a l l i e r o r c a e. Collo amphoræ ex distanti loco ait nuces mittere, ut manus non erret, qui ludus ubique celebratur. ita præstat, cum extra collum missa(s) nuces colligat. ludo nucum orcæ collum ponitur et qui certo ictu

---

47. quæ pater adductis sudans. sudans i. e. sollicitus de spe filii recitantis b 3.

48. merito inquit — semper — sena b 2 ut scena h 4 in iactura b 3 iactu talorum b 4. detrahet b 3. aut senio maior missus ut sceua: immerito inquit flebam istam cum semper laudarem b 4.

49. quia in calculatorium (qua in calculis b 3 b 4) ex omni iactu telorum (talorum b 3 b 4) quinque detrahit excepta uenere b 2. ut extrinsecus (?) misse nuces non colligantur b 3 ita presta ut extra collum missas nuces non colligas b 4. ludo nucum collum orce ponitur b 3 circa et collum ponitur b 4. et qui certo ictu iacit in eodem collo uictor existit b 4. orca est amphore species b 3 b 4 cuius minore uocabulo orcius (*fuit* oracius; *Jahn* urceus) diminutiuo orciolus est b 3. turbine buxineo b 3.

iacit in eodem loco, ipse uictor extitit. Orca est amphorae species.

51. **Neuquis callidior buxum torquere flagello buxo**, id est turbine buxeo ludere potior; flagello, ut Virgilius : dant animos plagae. (Aen. VII 383).

52. **Haut tibi inexpertum curuos deprendere mores**. Interrogatiue legendum, tamquam dixisset : ignotum tibi non est. Corrupti mores qui sunt intellegere id est praui. certe degustasti philosophiam. item : **haud tibi inexpertum curuos** aut interrogatiue aut pronuntiatiue legendum dicens non illi esse incognitum prauos mores et turpes et peccantes mores quos **curuos** appellauit a corpore curuo corripere. Ergone uidisti dextrum litterae pythagoricae ? an (*scr.* aut) magis pronuntiatiue : certe degustasti philosophiam.

53. **Quaeque docet sapiens**. Atheniensem porticum dicit, in qua picta erat pugna Atheniensium et eorum, qui cum presen (*scr.* Xerxe Persa) ad oppugnandam Graeciam uenerant, gesta apud Marathonios campos, quam porticum **sapientem** dixit, quoniam sapientes in ea philosophabantur, ex qua etiam Stoici dicti sunt. Graece enim porticus στοά dicitur, quam etiam pisianaktion (*πειοιανάκτειον*) uocant.

54. **Insomnis, quibus et detonsa** id est, nosti etiam et illa praecepta, quibus inuigilat iuuentus intonsa, id est philosophi, qui non tondebantur.

55. **Siliquis et grandi pasta polenta** id est, naturalibus cibis uiuere contenta, id est leguminibus et farre, uel uictu facili esuriem suam implens ; aut ideo quod philosophi carne non utantur, dicentes animas animabus non (debere) dari, ut Quidius : heu quantum scelus est in uiscere uiscera condi congestoque auidum (*sec. m.* cauum) pinguescere corpore corpus alteriusque animam[que] animantis uiuere leto. (Met. XV 88 sqq.).

---

52. interrogatiue legendum tanquam si dixisset ignotum tibi non est corrupti mores qui sint (sunt qui b 4) intelligere b 3. curuos mores dicit turpes et peccantes b 3 b 4. aut magis pronunciatiue b 3. aut interrogatiue aut pronuntiatiue legendum est b 4.
53. qnam etiam ipsi annaction uocant b 3 quam etiam — (*lacuna*) uocant b 4. cf. Diogen. Laert. VII 1, 6 : Ἀνακάμπτων δὲ ἐν τῇ ποικίλῃ στοᾷ τῇ καὶ Πεισιανακτείῳ καλουμένῃ κτλ.
55. utebantur b 2.

56. Et tibi quae Samios i. e. haud tibi inexpertum est (quæ) Pythagoras Samo insula ortus præcepit, qui litteram (*sec. m. Y*) in modum uitæ humanæ figurauit, quæ in infantia uel initio monitione pædagogi et paterno metu insecta est et postquam in adulescentiam uenerit, diuiditur et in sinistra parte rami uelut uitiosa, quæ deuexiora facilem ad se præstant ascensum, et altera est dextera, in qua uirtutis opera celebrantur, arduum ac difficilem limitem pandens, qua qui euaserint, quieta sede excipiuntur: quas partes quisquis ab anno sexto decimo obtinebit, in his fuerat staturus. De qua similitudine dicebat pueritiam ad perniciem cito tendi ac perueniri, ad felicitatem uero per uirtutem tarde ueniri. Y litteram dicit, quam Samius Pythagoras inuenit instar humanæ uitæ, quæ in dextera parte angustior et ascensui commodata habens in summitate planitiem, in sinistra uero facilem descensum, sed nullum cacuminis recentaculum (*scr.* receptaculum) habens, qua per uitia eundum est et ideo præcipitari necesse est, qui illuc ascendunt et perueniunt. Alteram, in qua uirtutis opera celebrantur, arcanum ac difficilem limitem, quem qui euasissent exorirentur quietissimas sedes. qua similitudine docebat per uitia ad perniciem cito tendi, per uirtutem ad felicitatem tarde ueniri.

57. Surgentem dextro monstrauit limite arduus ac difficilis, sed gloriosus ac certus.

58. Stertis adhuc cuius ætas apta est sapientiæ et præceptis philosophicis, stertis adhuc et crapula marcidus id est uix caput sustinens iuncturis maxillarum extensis in rictum et uehementer patefactis.

---

56. subaudis laudo tibi inexpertus et quæ pictagoras b 4. insula cretos b 2 secta est b 2 secta non est b 3 diuidi in sinistra et parte b 2. deuexiori b 2 deuexioribus b 3 b 4. statutus b 2 staturus b 3 b 4. faciliorem ad se prestant ascensum — excipitur. Aliter literam y. samius pittagoras inuenit instar humane uite quod in dexteram partem angustiorem ascensum prebet huius in summitate planitiem in sinistra uero facilem ascensum (descensum b 4) sed nullum cacuminis retinaculum (retentaculum b 4) quia per uicia eundum esset (et ideo b 4) eos necesse est precipitari qui illuc ascendunt et perueniunt. Altera in qua uirtutis opera celebrantur arduum et difficilem habet limitem quem qui euasissent experirentur quietissimas sedes b 3 b 4. quem utrumque limitem quisquis — in hoc staturus erit b 3 qua similitudine etc. b 3 b 4.

57. Surgente dextro etc. Siuistra uita a latitudine incipit et in angusto finit. dextera uero ab angusto in latitudine arduus ac callis difficilis sed gloriosus ac certus b 4.

59. Oscitat hesternum, crapulam significat. id est, intentionem animi uel ingenium, ut est illud Virgili: (Inflatum) hesterno uenas ut semper Iaccho. (Eclog. VI 15).

60. Est aliquid quo tendis et in quo dirigis arcum. Interrogantis est: proposuistine tibi genus aliquod, quod sequi debeas, et in quo neruos animi tui extendas, an uagus sine proposito uitæ peragrans tempus ut libuit omnia facis, coruos lapidibus insectaris? quod est inertium et stultorum indicium. ex tempore uiuis, hoc est, non quo te sapientia, sed quo uitiorum impetus duxerit, traheris.

61. Coruos adulteras (adulteros) atque ex tempore uiuis. Cum tu(a) nihil putes interesse, quo te pedes ferant ad horam, nihil de crastino cogitas, habes, inquit, iam propositum rectioris uitæ, an adhuc titubans nondum inuenis firmiorem sententiam, quæ te cogat aliquod remedii genus quærere, ut tuæ uitæ uictus iam turpitudine subuenias?

63. Elleborum frustra cum iam cutis aegra tumebit. Solent quidam stulti inueteratis in se uitiis medendi remedia inplorare, cum utique primo cauendum sit, ne quis sanis membris morbus inrepat. Ἀλληγορικῶς, a medicis tractum intellige. Sic hominibus captis turpitudine subueniri non posse, sicut a medicis non potest ualitudine diurna uictis subueniri. Elleborum autem medicaminis genus est, quod hydropici sæpe bibunt, quod si nimium sumpserint, necat.

65. Venienti occurrite morbo et quid opus Cratero magnos promittere montes? In prouerbio est: montes aureos; grandia enim promittunt, qui in periculo sunt. antequam morbus ueniat, cauete et satius est ipsis uenientibus

---

59. Hoscitat hesternum crapula(m) significat b 3 i. e. tenue animi ingenium ut est illud uirgilianum: inflatum hesterno uenas ut semper iacho (Eclog. VI 15).

60. an uagus ut tempus affert (*fuit* afferat) b 2. an vagus sine proposito vite rectioris peragrans ut (tempus b 4) libuit b 3.

61. corui enim instabiles sunt huc illuc transuolantes et non curant aut in alta arbore sedere aut in palustribus et in aquamus (*scr.* aquaticis) [que] locis.

63. cum utique primo cauendum sit ne quis sanis membris morbus irrepat (irrepet b 4). allegoricos, a medicis tractus intellectus (tractum intellige b 4). sic hominibus captis in turpitudine subueniri non posse, sicut a medicis non potest valitudine diuturna (diutina b 4) fictis (uictis b 4) subueniri b 3.

65. antequam morbus ueniat cautis satis est (morbi ueniant cauete et satius est b 4) ipsis venientibus morbis occurrere b 3.

morbis occurrere. ut (*scr.* at) quid (prodest) etiam post morbos sera remedia quærere et Cratero medico multa promittere? hic Craterus Augusti temporibus nobilis fuit medicus, de quo Horatius dicit: Non est cardiacus: Craterum dixisse putato (Sat. II 3, 161). per hunc omnem medicum uult accipi.

66. **Discite o miseri et causas cognoscite rerum** id est, philosophiam, ut Virgilius dicit unumquemque (debere) discere rerum omnium rationem, ut sciat, quis ipse est, et ob quam causam natus est. sed et finem uitæ (debet) intueri et quæ fugiat, quæ exoptet, quem modum incupiditate habeat, quod bonum quod asperum mummus habeat, uel quantum suis parentibus largiri oporteat, (unde est:) Felix qui potuit rerum cognoscere causas (Virg. Georg. II 490). sapientem ergo felicem esse dixit, qui rerum potuit cognoscere causas. discite ergo aut naturalem philosophiam aut moralem. Naturalis est, quæ tractat de rerum natura, moralis, quæ de moribus nostris disputat. et hoc dicit: [utrum] in quem usum nascimur uicturi aut qualiter uicturi aut quid futuri (*fuit* facturi).

67. **Quid sumus aut quidnam uicturi gignimur.** quia mortales sumus et hominis rationis capaces et a ceteris animalibus sola ratione discernimur, quam nos sequi decet et ideo facti sumus, ut cum hac uiuamus, quæ ratio officiorum et qui finis beatæ uitæ uel facilis uitæ finis aut breuis uel quam cito uita nostra terminetur, quam debemus uirtute protendere.

67. sq. **Ordo quis datus aut metae** id est, unde et ubi uertamur, uel quem ordinem uiuendi natura constituerit, quia decet sapientem, ut in bono uitæ proposito constitutus sit, si flecti necesse est, ad meliora flectatur.

69. **Quis modus argento.** id est, quis habendi diuitias modus sit.

70. **quod fas optare contraria, quid asper utile nummus habet.** hoc est, quod (*scr.* quid) in se utilitatis diuitiæ habeant, quia ille bene diuitias possidet, qui illis non abutitur, sed cum honestate dispensat. **Asper nummus** aut male partus

---

66. an qualiter b 2. debere dicit unumquemque discere b 3. discernimur quam nosse quemque decet b 3.
67. si necesse est flecti b 3.

aut criminosus. Patriae carisque propinquis. quomodo patriæ uel propinquis sit largiendum, siquidem largitatem remuneratio[ne], tenacitatem poena subsequitur, ut Virgilius hæc uolens ostendere ait: et qui diuitiis soli incubuere repertis, nec partem posuere suis (Aen. VI 606 sq.) et Horatius: cur eget indignus quisquam te diuite? (Sat. II 2, 103).

71. Quem te Deus esse hoc est, rationalem et disciplinæ capacem.

72. Et humana qua parte locatus es in re. In humana (re) ad quos usus constitutus sis, nisi ut sapientiam consequaris uel quod regnum teneas inter cetera animalia.

73. Disce neque inuideas. hoc est, disce philosophiam et non inuideas diuitibus, quod sapientiæ non est, in quorum cellariis tanta est dapum abundantia, ut etiam putrescant epulæ, quæ consumi præ multitudine nequeunt; quæ cellaria muneribus pinguium Umbrorum uel clientium referta sunt, quibus defensionem patrocinando præbent. pingues autem Umbros dicit nobiles populos et bene penu dixit, non penore, ut Virgilius: quinquaginta intus famulæ, quibus ordine longo cura penum struere (Aen. I 703. cf. Serv. ad Virg. l. l.: quartæ autem declinationis esse Persius docet, ut in lccuplete penu defensis pinguibus Umbris), quia ab eo, quod est penus facit huius penoris ab hoc penore, ab eo, quod est penum, hurus peni ab hoc peno. id est, inter cunctas quas tibi partes iniunxerit deus in conuictu qui cum hominibus est, summa omnium est philosophari nec te abstraxerit miratio abundantiæ et potenziæ causidicorum, quod plerisque iuuenibus accidit.

75. Et piper et pernae subaudi putent. Monumenta sunt munera, quæ memoriam efficiunt eo quod hæreant memoriæ cui dantur ut mentem moneant.

76. Menaque mena salsamenti genus est, ex pisce minuto,

---

72. Sapientiam discas b 2. in humana re ad quos usus constitutus sis. s. ut sapientiam consequaris vel quod reguum teneas inter omnia animalia b 3.

73. nec inuideas b 2. disce sup' (subaudi) philosophiam — quod non sapientie b 3 quibus defensionem patrocinando prebet persius b 3.

74. pingues autem Vmbros dicit nobiles populos tuscie b 3 ut vir.(gilius): totaque tu referes panchaia pinguis harenis (Georg. II 139) b 4 Vmbria enim tuscia est et bene etc. b 2.

75. et piper ct pernæ. subaudi putent b 3.

quæ sic locupleti oblata est [ut] prius, quam finiret quod in cellario primum habuerat.

77. Hic aliquis de gente hircosa centurionum. hircosa dixit aut ab odore corporis, quia ex labore et cibo multo ac somno fetidum sudant. ad mores barbaros retulit, quod eorum quidam dici putidi solent et hoc poeta dicit : me de philosophia tractantem si quidam militum audiat, hoc dicat:

78. quod satis est, sapio mihi; hoc est, sufficit mihi naturalis sensus nullaque ex philosophia eruditione delector.

79. Non ego curo esse quod Arcesilas. nec curo hoc esse quod Arcesilas philosophus aut Solon, qui etiam apud Athenienses philosophus et legislator fuit, qui duas tabulas legibus addidit. Solones autem Romano more dixit, ut Catones Camillos Drusos. aerumnosos autem dixit, quia frugalitas philosophorum misera esse uidetur luxuriosis et prodigis. Aerumnosi dicuntur philosophi eo quod animum colentes corporis culturam abiciant. Arcesilas, Scythi filius, Pitaneus, Cyrenaicus philosophus perfectissimus fuit, qui Academiam primus inuenit.

80. Obstipo capite, quod tacita et intenta cogitatione quasi obstupidi uideantur. Obstupefacto inclinato et grauitatem simulante et cum obliquitate fixo. Et figentes id est, luminibus in terram inmobiliter fixis ut Virgilius : obtutuque hæret defixus in uno (Aen. I 495) et alibi : illa solo fixos oculos auersa tenebat (Aen. I 482 *cf.* VI 469).

81. Murmura cum secum id est, cogitationes atque inuentiones suas susurro inmurmurantes et disputationes minutas et sensim prolatas.

Ea quæ de versibus 82—92 afferuntur, in scheda codici inserta scripta sunt.

82. Dialectico more uerba examinantes, quorum disputatio talis est, ut quasi diu ægrotantium hominum somnia uideantur hoc disputantes

---
77. ut eorum quidam dici putidi solent b 4.
80. ostipo capite quod tacita et intenta cogitatione quasi ostupidi uideantur. fixis ut vir(gilius) : obtutuque heret defixus in uno (Aen. I 495) et alibi : diua solo fixos oculos aduersa tenebat (Aen. I 482) b 4.

84. de nihilo nihil in nihilum nil posse reuerti. Prima physicorum quæstio est et de qua inter omnes conuenit, nihil de nihilo nasci et nihil in nihilum solui, et mundus de nihilo factus est et in nihilum redigitur. Ideo autem mundum nihil esse (dixerunt), non quia hoc est, sed eo quod erit, quia ex nihilo est, in nihilum uadit. Quæ omnia negat centurio uelle (se) discere. Dicit ita: philosophi sibi oculis formant, de quibus scripturi sunt, ut diuturna infirmitate homines, qui siccitate febrium et insomnitate diuersorum imagines oculis eorum formant[ur]. Stoici asseuerant non posse ad nihilum aliquid reuerti et aliquid non in nihil dissolui. Nam corpus atomis constat, cum decidit, in atomis dissoluitur. Et ad utrumque respondet non posse gigni de nihilo nil et ad nihilum nil posse reuerti.

85. Ipse adhuc loquitur: Ex tali studio palles? ecce ieiuniis afficieris, quia tam diuturna cogitatio uel lucubratio uel inedia pallorem corporibus inicit. Istis ergo disputationibus ridet populus et torosa iuuentus. aut **multum ridet** aut multum **cachinnos ingeminat** aut multum tremulos, aut multum naso crispante.

88. De his nunc dicit, qui infirmitate inualidi uitia cupiditatem suarum superare non possunt et ebrietate aut aliis desideriis tracti in maius ægritudinem suam corroborant, ut etiam usque ad mortem perueniant. et sunt uerba ægri loquentis inpatienter, quod salutem suam neglegat. Item: inspice, nescio quid ad superioris sensus uim redit: Elleborum frustra cum iam. Et plus hic adicit eos *fcf* non libenter opus esse medicina sibi (*scr*. qui non sibi opus esse medicina dicunt) dare poenas contumaciæ huius.

---

84. redigetur b 3. ideo autem mundum nihil esse dixit non quod (hoc b 4) est sed eo quod erit quia ex nichilo est in nichilum vadit b 3. insomnietate b 3 insomni ætate b 4.

85. ipse adhuc loquitur (alloquitur b 4) ex tali studio palles Ecce ieiunii fructus: uel (quia tam b 4) diurna (diuturna b 4) cogitatio tanquam lucubratio vel inedia pallorem corporibus inicit b 3.

88. infirmi inualidi viciosarum b 4 aliquibus b 4. et plus in eo hic inuehitur qui non opus siti medicinam esse dicit b 3 et plus hic adicit eos qui non libenter opus esse medicina sibi dare poenas huius contumaciæ b 4.

89. Sodes autem sodalis aut antiquæ affectionis est, adeo ut soluto eo quidam usi sint: dic mihi, si audes, ut Plautus, qui per resolutionem ita ait: Dic mihi si audes (*cod.* sodes) quæ est ea quam uis ducere uxorem? (Plaut. Aulul. III, 48.)

90. Hoc poeta dicit: Postquam ille æger iussus a medico est requiescere et tertia dies eum sanum inuenit, rogauit famulos, ut de nobili apotheca lagæna plena surrentino uino, antequam lauet, sibi adducatur. Surrentum oppidum Campaniæ, quod bona uina mittit, id est, electa. L e n i a uina surrentina, cum sint fortissima, unde et Horatius : Surrentina uafer qui miscet fæce Falerna [uina] (Sat. II 4, 55).

92. Modice sitiente id est, non bene plena, quod non impleatur nisi usque ad collum. Modice sitiente id est, minus plena [dicit], uel quod uetustate decoquatur ac per hoc sese quoque ebibat.

94. Heu bone tu palles. Verba medici ad ægrotum, quæ ostendunt non finitum esse laborem et introducuntur monens et monitus loquentes, quorum alterna responsio est. Nihil est. uerba ægri curam spernentis et medicus Videas usque palles. Item ægrotus incandescit, ut dici solet: Quid me mones? At tu deterius palles, ne sis mihi tutor. quoniam ego iam pridem tutorem meum extuli, id est obrui.

95. surgit tacite tibi lutea pellis i. e. tumescit; hydropicis enim luteus color est, id est subcroceus.

---

89. grauis halitus grauis i. e. male olens ut vir(gilius): et grauiter spirantis copia timbræ et graue olentia (centaurea) (Georg. IV 31; 270) b 4.
90. iussus est requiescere et tertia die sanus inuenit eum b 4. vel vina surrentina quæ sunt fortissima licet dixerit lenia b 3. electa lenia uina surentina cum sint fortissima b 4.
92. Modice siciente lagena i. e. (non b 4) valde plena quod non inpleatur nisi ad collum b 3. modice sitiente i. e. minus plena vel quod vetustate decoquatur ac per hoc sese tanquam siciens ebibat b 3 b 4.
94. Heus bone. verba ad egrotum medici quæ ostendunt non laborem esse finitum. Et introducuntur monens et monitor loquentes quorum alterna responsio est. nichil est. Verba egroti curam spernentis, et medicus: Videas tamen istud quicquid id est b 3.
95. Surgit tacite tibi lutea pellis. id est tumescit. ydropicis enim luteus color est id est subcroceus. tu restas. i. e. resistis. aut certe: tu alter tutor es (sis b 4) ab illo quem (aut quem b 4) sepelii. perge tacebo. et medicus: quia perseueras non curari sileo et discedo. b 3. At tu deterius palles. Item (rogatus b 4) incandescit (ut dici solet b 4) et dicit: quid me mones? at tu deterius palles ne sis mihi tutor. cum ego iam pridem tutorem meum extuli i. e. abrui (obrui b 4) et medicus quia perseueras non curans ideo discedo b 4.

97. Tu restas, id est resistis aut certe tu alter tutor sis aut quem sepeliam. Perge, tacebo. et medicus: quia perseueras non curari, sileo et discedo.

98. Turgidus hic epulis. ostendit neglegentiæ esse hoc dum inpatientia gulæ tantos cibos sumit, quos digerere difficile sit. turgidum dicit crudum indigestum. Albo uentre, hydrope pallido.

99. Gutture sulphureas, non coctum cibum ructans. sulphureas mefites. A loco fetido dixit, quod in Italia grauiter spirat (ut) Virgilius: sæuamque exhalat opaca mefitin (Aen. VII 84) id est, per indigestionem uomitus sulphurei uel sulphureas mefites id est indigestas, corruptum ructans, ac putidas.

100. Calidumque trientem (al. triental). triental dicit calicem talem, qui tertiam partem sextarii capit, aut tres heminas capientem.

103. Hinc tuba, quia sepultura tubis apud antiquos celebrabatur. Ut Virgilius: It caelo clamorque uirum clangorque tubarum (Aen. XI 192). Candelæ quoque in sepulturis ante mortuos præcedebant, ut idem Virgilius:

et do more uetusto funereas rapuere faces. (Aen. XI 142). tandemque beatulus alto. Beatulus dixit non quod beatus sit, sed quia nunquam splendidior habitu fuerit, quam eo lecto, quo effertur. Aut certe, quia Romanæ consuetudinis fuit simpliciter efferre, id est sepelire. merito etiam funeris ambitionem irridet, non quia macares et maricæ (*scr.* μακάριοι) dicuntur mortui. Non est enim Romanæ consuetudinis (apocrisnos (ὑποκορισμός) derisum significat), sed quia pretiosiore in funeribus ueste stragula ceteraque etiam pauperculi exponebantur.

104. Crassisque lutatus amomis id est, multis oblitus unguentis foras exit mortuus de domo sua. Alto com-

---

98. turgidus hic epulis. ostendit hoc esse dum etc. b 4. turgidum dicit crudum indigestum ut iuuenalis: (turgidus) et crudum pauonem in balnea portas (I 143) b 4.
99. sulphureas mephites a loco fetido dicit qui in ytalia grauiter spirat vel etc. b 3 b 4. ut virgilius etc. b 4.
100. Calidumque triental. triental (trientem b 4) dicit b 3.
103. procedebant b 3 b 4. splendidior habitu b 3 b 4. aut certe quod romane consuetudinis b 3 fuit simpliciter sepelire b 4. quia pretiosa (preciosiore b 4) in funeris (funeribus b 4) veste stragula ceterisque etiam pauperculi exponebantur b 3. merito et — mortui — apocrisuos b 4.

positus (lecto) uel qui lecto melius strato in portam effertur, quam eo, quo, dum uiueret, utebatur.

106. At illum hesterni capite [id est] hesterni, ait, a defuncto pridem manumissi id est liberati et ciues Romani facti. Capite induto. quia pilleati manumissi incedebant ante funus. Subiere, quod plerumque ipsi manumissi manumissoris corpus portandum subirent.

107. Tange miser uenas de his dicit, qui desidiae consulentes infirmitatem fingunt, quam mox uisis cupiditatibus suis abiciunt, ut uel auaritia uel libidine trahantur. In pectore ideo dixit, quia, quotiens plus solito (cor) aut salit aut calet. infirmitatis indicium est. considera, inquit, tui corporis qualitatem et ex uenarum motu te sanum (scr. senem) esse cognosce. Sed si aut pecuniae capiendae spes fuerit aut puella mollis forsan riserit, calcas, inquit, necesse est et corde palpites, donec effectum res, quam desideras, sortiatur. modo in auarum eumque luxuriosum (inuehitur) et dicit: intelligo te male ualere.

108. Summosque pedes attinge. e contra digitorum summitas siue in manibus siue in pedibus si frigida fuerit, infirmitatem significat uel insinuat. Ergo nil calet et nil friget. quod ait, aut ipsius aegroti uerba interrogantis sunt. Et aliter pronuntiandum, quando ex cupiditate manuum summitates [qui] pedumque frigescunt. aut uerba sunt respondentis.

109. Visa est si forte pecunia siue candida. Haec dicit esse uitia, quibus perduntur ii, qui infirmitates simulant. Rite autem dixit, iam non ut infirmi, sed recte quasi insani (fuit inanium, corr. insanum).

111. Positum est algente catino. e. q. s. temptemus fauces tenero ad illum dicit, qui sese mollitiei dedicauerat. fingis, quod non possit os tuum delicatum cibos durissimos transglutire et panem non deliciose cribro discussum, sed plebeium tuis (non) conuenire fastidiis. panem plebeium, de po-

---

106. ante missuris (scr. missoris) corpus preibant pileati b 3. pileati incedebant b 4.

107. donec effectum quem desideras sorciaris b 3. donec effectus res quam desideras sortiatur b 4.

109. hoc dicit quibus produntur hii qui infirmitates simulant b 3.

puli annona, id est fiscalem. Sed frustra haec fingis. Alia enim sunt animi tui uitia uel ulcera, quae non possunt leuibus purgari remediis. Est alter sensus : non leuibus aut popularibus cibis fastidii ulcera possunt purgari, hoc est, quod ait plebeia radere beta. radere autem ait extergere, ut Horatius: hoc potius, quam gallina tergere palatum. (Sat. II 2, 24.)

111. Algente catino, non frigidum pulmentarium habente, sed misero, egestuoso, quales sunt, qui algent.

Positum est scilicet in catino olus et posita est farina non scilicet in catino. farinam nunc panem dicit et hunc fingit gregalem et plebeium esse positum. hoc ualet: fingamus apponi tibi, qui consuesti elegantius uiuere.

113. Temptenus fauces tenero latet ulcus in ore. Inuitantis uerba. tenero. ἀλληγορικῶς, uitium labii (dicit) usu(m) uescendi. Quod haud deceat, id est non oportet, quod impatiens sit. Radere hic exasperare dicit uulgariter.

115. Alges cum excussit membris timor albus aristas. additur etiam, quod instabilitas tuae mentis furiosum te facit, siquidem modo frigore, id est timore tremebundus efficeris et pilos erigis — aristas enim pro pilis posuit —

---

111. rite autem dicit iam nunc non infirmi sed recte ut sani. positum est i. e. (non b 4) frigidum pulmentarium habente (habentem sed misero egestuoso quales qui subalgent b 4) algente (catino) durum holus — radere beta. ad illum dicit qui sese molliciei dedicauerat: fingis quod non possit os tuum delicatum (delicatos b 4) cibos durissimos transglutire et panem non deliciosius cribro discussum (tuis non conuenire fastidiis b 4) id est plebeium de populi annona fiscalem sed frustra hec fingis. alia enim vicia sunt animi tui vel ulcera quae non possunt leuibus purgari remediis et alter sensus non lenibus aut popularibus cibis tui fastidii ulcera possunt purgari. hoc est quod ait plebeia radere beta. genus cibi. radere autem dicit extinguere (extergere; ut horatius: hoc potius quam gallina tergere palato [Sat. II 2, 24] b 4). positum est in catino olus et posita farina non scilicet in catino. farinam nunc panem dicit et hunc fingit gregalem et plebeium esse positum b 3 b 4.

111. hoc ualet: fingamus apponi tibi quibus consuesti elongantius (elegantius b 4) viuere.

113. temptemus fauces. inuitantis verba. tenero allegoricos labii vicium dicit usum vescendi b 3 b 4. intimidum et iracundum dicit frigidum ex febre frigida habentem b 4.

114. quod autem non deceat radere aut quod non oporteat quod impaciens sit huic (radere hec b 4) exasperare dicit ulcus. b 3.

115. modo in iram callefacto sanguine commutaris b 3. timor dicit(ur) albos pallidos (scr. albus pallidus) eo quod timor pallidos homines facit sicut: pallida mors equo pulsat pede (Horat. Carm. I 4, 13) b 3 b 4.

modo in iram calefacto sanguine commutaris et ca dicis et facis, ut etiam ipsis furiosis furiosa uideantur. t i m o r a l b u s dicit(ur) pallidus, eo quod timor pallidos homines faciat, sicut pallida mors.

117. S c i n t i l l a n t o c u l i, id est nimio ardore inflammantur et cum times, frigore perhorrescis.

<small>117. Scintillant oculi. i. e. nimio calore inflammantur et cum times (tunc timens b 4) frigore horrescis. Aulis persii flacci satirarum commentariorum liber incipit quartus. b 3.</small>

CONSPECTUS CODICUM.

B. 1. Cod. 257, saec. X ; cf. Jahn, Prolegom. ad Persium p. CXCVII sqq.; Hagen, Catalogus Codicum Bernensium (Bibliotheca Bongarsiana), Bernae MDCCCLXXV, p. 288.

b 1. Cod. 265, saec. X—XI; cf. Hagen, Catalogus, p. 298 sq.
b 2. Cod. 665, saec. XI; cf. Jahn, l. l. p. CLII; Hagen, l. l. p. 497 sq. *(hic cod. comment. continet usque ad s. III r. 76)*
b 3. Cod. 223, saec. XV ; cf. Jahn, l. l. p. CXVI sq.; Hagen. l. l. p. 273 sq.
b 4. Cod. 539, saec. XV; cf. Jahn, l. l. p. CC *(apud Jahnium falso n. 327 positus est)*; Hagen, l. l. p. 450.

Ceterum de omnibus his codd. cf. quaeso libellum meum, quem iam supra (v. p. 20) commemoravi (Die Persius-Scholien nach den Bernerhandschriften, Burgdorf 1875) ibique p. IV sqq. Libros mss., quos tunc praeter eos, qui supra laudati sunt, contuli, non iam conferendos esse censebam; qua de re cf. qua ibi p. VI. exposui.